阿德勒的超越自卑（筆記版）

(Alfred Adler)
阿爾弗雷德·阿德勒 著
伊莉莎 編譯

夢境解讀×犯罪心理×自卑情結
性別認同×婚姻關係

阿德勒心理學與人類潛能的開發

早期教育、出生排行、家庭結構、婚姻觀念、

心理學如何影響人格發展？

從自卑到自信，解密阿德勒正向心理學的成長之道！

目錄

目錄

前言

在這個瞬息萬變的世界中，我們每個人都在尋找生命的意義和方向。阿德勒正向心理學為我們提供了一個獨特的視角，幫助我們理解自己，克服困難，找到人生的真正價值。這本書不僅是一本心理學著作，更是一本生活指南，引導我們如何在複雜的現代社會中活出精彩人生。

阿德勒的思想核心在於，每個人都有能力超越自卑，實現自我價值。他認為，我們的行為和性格並非完全由過去的經歷決定，而是受到我們對未來的期望和目標的影響。這種觀點為許多人帶來了希望和力量，讓我們相信改變是可能的，成長是永無止境的。

在本書中，我們將深入探討生活的各個方面，從個人成長到社會關係，從職業選擇到婚姻生活。阿德勒的理論為我們提供了一個全面的框架，幫助我們理解人類行為的動機和目的。他強調，我們的行為都是有目的的，即使是那些看似非理性或自我破壞的行為，背後也有其特定的意圖。

自卑感是阿德勒理論中的一個關鍵概念。他認為，每個人在某種程度上都會經歷自卑感，這並不是一種病態，而是推動我們不斷進步的動力。問題在於，有些人無法正確處理這種感覺，從而產生了過度補償或是自暴自棄的行為。本書將幫助讀者理解自卑感的本質，並學會如何將其轉化為積極的動力。

家庭對個人成長的影響是本書另一個重要主題。阿德勒認為，我們的性格和生活方式在相當程度上受到早期家庭經歷的影響。他特別關注出生順序對性格形成的影響，以及父母的教養方式如何塑造孩子的世界觀。透過理解這些影響，我們可以更容易理解自己，也可以為下一代提供更好的成長環境。

教育是阿德勒非常重視的領域。他認為，學校不僅應該傳授知識，更應該培養學生的社會興趣和合作精神。本書將探討如何在教育中培養孩子的自信心和社會責任感，以及如何建立積極的師生關係。

青春期是人生的一個重要階段，充滿了機遇和挑戰。阿德勒對這個時期的心理變化有深入的洞察，他認為，這是一個重新定義自我，建立獨立性的關鍵時期。本書將為青少年及其家長提供寶貴的建議，幫助他們順利度過這個充滿變化的時期。

犯罪行為是社會面臨的一個嚴重問題。阿德勒從心理學的角度分析了犯罪的根源，並提出了預防和矯正的方法。他認為，犯罪往往是個人追求優越感的一種錯誤方式，透過理解和改變這種心理動機，我們可以更有效地預防犯罪。

職業選擇是人生的重大決策之一。

本書不僅探討了阿德勒正向心理學的核心理念，還深入分析了這些理念如何應用於現實生活中的各個方面。透過本書，讀者將學會如何建立健康的人際關係，如何在職場中發揮自己的潛力，以及如何培養幸福美滿的婚姻。

阿德勒的理論強調社會興趣的重要性，他認為只有當個人感受到與社會的聯繫，並為社會做出貢獻時，才能真正實現自我價值。本書將幫助讀者培養這種社會興趣，找到自己在社會中的位置和價值。

此外，本書還探討了宗教、政治和社會運動在個人生活中的作用。阿德勒認為，這些領域都反映了人類對意義和歸屬感的追求。透過理解這些領域，我們可以更容易理解自己和他人的行為動機。

值得一提的是，本書不僅提供了理論知識，還包含了大量的實際案例和具體建議。這些案例來自阿德勒多年的臨床經驗，能夠幫助讀者將理論與實踐相結合，在日常生活中運用這些心理學原理。

整體而言，這本書是一本全面而深入的心理學著作，它不僅幫助我們理解自己和他人，還為我們提供了改變和成長的工具。無論你是心理學專業人士，還是對自我提升感興趣的普通讀者，這本書都能為你提供寶貴的洞見和實用的指導。透過閱讀和實踐本書中的內容，你將能夠更好地應對生活中的挑戰，建立更加積極和有意義的生活方式。

前言

人生的旅程：探索生命意義的起點

在我們開始這段探索人生意義的旅程之前，讓我們先思考一個問題：生活的意義究竟是什麼？這個看似簡單的問題，實際上蘊含著無盡的深意和複雜性。每個人對生命意義的理解都不盡相同，但我們都在尋找一種能夠指引我們前進的方向和目標。

生活中存在著三個主要問題，它們貫穿了我們的一生：工作、愛情和社交。這三個領域構成了我們生活的基本框架，也是我們需要不斷面對和解決的挑戰。我們如何在這三個方面取得平衡和滿足，相當程度上決定了我們生活的品質和幸福感。

在探討這些問題的過程中，我們不能忽視一個重要的概念：社會感。社會感是指個人與社會之間的聯繫，是我們對他人、對社群、對整個人類社會的關心和責任感。擁有良好的社會感，不僅能幫助我們更好地融入社會，也能為我們的生活帶來更多的意義和價值。

童年的啟蒙經歷對我們的人生影響深遠。在成長的過程中，我們經歷的每一件事，無論是快樂還是痛苦，都在塑造著我們的性格和世界觀。最初的記憶和夢境，往往反映了我們內心最深處的渴望和恐懼，它們是我們理解自己的重要線索。

在這個充滿挑戰和機遇的世界中，合作的重要性不言而喻。我們需要學會與他人合作，共同面對生活中的困難，分享成功的喜悅。只有透過合作，我們才能真正實現個人的成長和社會的進步。

在接下來的章節中，我們將深入探討心靈與肉體的關係，自卑感與優越感的辯證，早期記憶的重要性，以及夢境的解析。我們還會討論家庭和學校對個人成長的影響，探索青春期的複雜性，以及犯罪心理的形成與預防。

職業選擇是人生的重要課題，我們將探討如何找到適合自己的職業，如何在工作中實現自我價值。個人與社會的關係，愛情與婚姻的真諦，這些都是我們將要深入探討的主題。

這本書的目的，不僅是為了幫助讀者增進對自己的了解，更是希望能為每一個家庭提供有價值的洞見。透過閱讀和思考，我們希望能夠幫助讀者找到生活的意義，實現個人的成長和發展。

讓我們懷著開放和好奇的心態，踏上這段探索生命意義的旅程。在這個過程中，我們可能會遇到困惑和挑戰，但也必將收穫智慧和成長。記住，生活的意義不是被動接受的，而是需要我們主動去創造和發現的。

生命的舞臺：
我們如何詮釋自己的角色

人類生活在一個巨大的意義舞臺上，每個人都是演員，也是觀眾。我們不僅僅是被動體驗周遭的環境，更是主動地賦予一切事物意義。就像舞臺上的道具，木頭不再只是一塊木頭，它可能是一座橋梁、一把椅子，或是一艘船；石頭也不再只是一塊石頭，它可能是一座山、一個障礙，或是一件武器。這些意義都源於我們與這些物品的互動和目的。

試想一個人若要迴避這種賦予意義的過程，專注於純粹的環境本身，那將是多麼孤獨和無益的存在。這就像一個演員站在舞臺上，卻拒絕扮演任何角色，只是呆呆地看著周圍的布景。這樣的人不僅無法與他人產生連結，也無法理解自己在這個世界中的位置。

我們的生活體驗實際上是透過這些意義的濾鏡來感知的。我們所感受到的並非事物的本質，而是我們賦予它們的意義。這就像我們在觀看一齣戲劇，我們並不是在看演員本人，而是在看他們所扮演的角色。因此，我們必須承認，這些意義往往是不完整的，有時甚至是錯誤的。我們生活的意義領域，就是一個充滿謬誤和誤解的領域。

當我們問及「生活的意義是什麼」這個問題時，許多人可能會感到困惑或無法回答。這個問題雖然古老，但在當今社會仍然有其重要性。有趣的是，通常只有在遭遇挫折或困境時，人們才會開始思考這個問題。這就像一個演員只有在忘記臺詞或表演失誤時，才會開始質疑自己為什麼要登臺演出。

然而，即使不去刻意思考，每個人的行為都隱含著他們對生活意義的理解。透過觀察一個人的舉止、表情、習慣和性格特徵，我們可以看出他們如何詮釋自己的角色，如何理解這個世界的舞臺。每個人都在用自己的方式宣告：「我是這樣的，世界是那樣的。」這就是我們每個人賦予自己和生活的獨特意義。

生活的意義：在不完美中尋找平衡

人生如同一幅複雜的畫作，每個人都在其中揮灑自己的色彩，創造獨特的意義。然而，正如我們所討論的，沒有一種解讀能夠完美無缺地詮釋生活的全貌。這種不完美性並非缺陷，反而是人生豐富多彩的展現。

在探索生活意義的過程中，我們需要認識到，絕對的正確與錯誤並不存在。相反，我們所尋找的是一個介於兩者之間的平衡點。有些詮釋更接近這個平衡，能夠為我們提供更多指引；而另一些則可能偏離太遠，難以為我們的生活帶來實質性的幫助。

透過觀察和分析，我們可以發現那些更有效的生活意義詮釋往往具有一些共同特徵。這些特徵為我們提供了一個科學的視角，幫助我們更容易理解人類社會的現實。然而，我們必須謹記，所謂的「正確」始終是相對於人類的需求和目標而言的。除此之外的真理，即便存在，對我們來說也難以理解和把握，因此在實際生活中並無太大意義。

在探索生活意義的過程中，我們不可避免地要面對三個基本問題。這些問題源於我們作為人類的固有限制，它們塑造了我們的現實生活，迫使我們不斷地思考和應對。我們對這些問題的回答，實際上反映了我們對生活意義的理解。

首先，我們必須接受我們生活在地球這個有限資源的星球上的事實。這個現實既限制了我們，也為我們提供了發展的機會。我們需要學會在利用地球資源的同時，保持身心的和諧發展，以確保人類的長遠生存。

無論我們做出什麼選擇，我們的行為都在某種程度上次答了一個問題：什麼是必要的、合適的、可能的和值得追求的？作為人類的一份子，我們的每一個決定都必須考慮到我們與地球、與他人的關係。

在這個充滿不確定性的世界裡，尋找生活的意義就像是在迷霧中航行。我們可能永遠無法找到絕對正確的答案，但透過不斷探索和反思，我們可以逐漸接近那個能夠指引我們前行的平衡點。

探索生命的意義：人類與世界的和諧共處

人類作為地球上的生命體，我們的存在與這個星球緊密相連。就像解決一道複雜的數學題，我們必須運用所有可用的方法，堅持不懈地探索生命的意義和價值。這個過程並非為了尋找一個放諸四海而皆準的完美答案，而是為了不斷接近真相，找到一個更好的生存之道。

在這個探索的過程中，我們必須時刻銘記：我們並非孤立的個體，而是生活在一個複雜的群體中。每個人都有自己的優點和缺陷，正是這種互補性使我們能夠共同生存和發展。試想一個人獨自生活在荒島上，他不僅無法維持自己的生命，更無法為人類的延續做出貢獻。因此，與他人建立聯繫、維持良好的人際關係，成為了我們追求個人幸福和人類福祉的重要途徑。

然而，人與人之間的關係並非單一維度。我們不僅要考慮到群體的力量，還要認識到人類由兩性構成這一基本事實。愛情和婚姻成為了我們無法迴避的話題，每個人都必須用自己的方式去回答這個問題。人類社會中存在著各種不同的嘗試，這些嘗試都反映了人們對最佳解決方案的追求。

在這個複雜的世界中，我們需要不斷調整自己的情感和行為，使之與維持個體生存和延續人類生命的目標相協調。這意味著我們要學會在個人利益和集體利益之間尋找平衡點，在追求自我實現的同時也要為人類的整體福祉做出貢獻。

整體而言，生命的意義不僅僅在於個人的存在，更在於我們如何與他人、與整個人類群體以及與地球和諧共處。我們每個人都是這個宏大敘事中的一個重要角色，我們的每一個決定和行動都在塑造著人類的未來。讓我們攜手共進，在這個充滿挑戰和機遇的世界中，共同書寫人類的精彩篇章。

生命的意義：探索人性與社會共生的奧祕

每個人都面臨著生命中三大不可避免的挑戰：職業、社會關係和性。這三個領域反映了我們如何理解生命的意義，也決定了我們與世界互動的方式。個體心理學研究揭示，所有生活問題都可歸類為這三個方面。

我們可以透過觀察一個人如何應對這些挑戰，來洞察他對生命意義的解讀。例如，一個愛情生活不順、工作懶散、缺乏朋友的人，很可能將生活視為一場充滿危險和挫折的艱難征程。相反，一個感情美滿、事業有成、人際關係豐富的人，往往將生活看作充滿機遇和創造力的旅程。

真正的生命意義並非個人獨有，而是具有普遍性和共享性的。那些缺乏同理心和社會興趣的人，往往在處理生活問題時顯得自私狹隘，只追求個人優越感而忽視對他人的影響。然而，這種僅屬於個人的意義實際上毫無意義可言。就像語言一樣，意義必須在交流中才能展現。

真正有價值的生命意義應該是可以被所有人理解和接受的。一個成功解決生活問題的方法，應該對他人同樣適用。即使是天才，也是透過其對人類做出的傑出貢獻來定義的。因此，生活的終極意義在於為集體做貢獻，而非僅僅追求個人利益。

那些能夠成功應對生活挑戰的人，往往自然而然地意識到生活的意義在於幫助他人、與他人合作。他們的行為以同類的利益為先，即使在困難面前也不會損害他人利益。這種對生命意義的理解，不僅能讓個人獲得滿足，更能推動整個社會的進步與和諧。

從生活模式到生命意義：探索個人成長與社會貢獻

在人生的旅程中，我們每個人都在不斷探索生命的意義。這個探索過程其實從童年就已經開始了。即使是剛出生的嬰兒，也在用他們稚嫩的方式摸索自己在這個世界上的位置和力量。到了 5 歲左右，孩子們就已經形成了一套相對固定的行為模式和處理問題的方式，我們稱之為「生活模式」。

這個早期形成的生活模式對一個人的一生都會產生深遠的影響。它就像一副有色眼鏡，決定了我們如何看待和理解這個世界。即便這個模式存在明顯的缺陷，甚至可能導致痛苦，人們也往往不願輕易放棄，因為它已經深深根植於我們的內心。

那麼，什麼才是真正有意義的人生呢？許多人可能會認為，追求個人利益和發展才是最重要的。他們會問：「如果總是考慮他人，那我自己怎麼辦？我不應該先照顧好自己嗎？」

但事實上，這種想法是有局限性的。如果我們把生命的意義定位於為人類做貢獻，為他人謀福利，我們反而更有可能充分發揮自己的潛力。就像深愛伴侶的人會自然而然地激發自己的才能來讓對方過得更好一樣，當我們以服務他人為目標時，我們也會更加努力地提升自己。

反觀那些只顧自己、不願與人合作的人，他們的生命往往不會留下任何有意義的痕跡。世界似乎在對他們說：「我們不需要你們，你們並不值得存在。」這樣的生命，即便活著的時候也是孤獨的，死後更不會有任何貢獻留存。

因此，我們應該努力培養自己的社會感和愛心，關注整個人類的福祉。這不僅是宗教和偉大運動的核心，也是個體心理學得出的科學結論。只有這樣，我們才能真正找到生命的意義，並在這個過程中實現自我的最大價值。

重塑生命意義：探索人生觀的轉變之道

人生觀的錯誤修正是一個複雜而深刻的過程，需要我們重新審視自己的思維模式和行為習慣。這個過程並非一蹴而就，而是需要持續的自我反思和外部支持。在某些情況下，個人可能會因為錯誤行為導致嚴重後果，從而被迫修正人生觀。然而，更常見的是，只有在面臨巨大的社會壓力或者舊有方式無法繼續時，人們才會考慮做出改變。

在這個過程中，專業心理學家的幫助往往是最有效的。他們能夠深入理解人類行為背後的動機和意義，幫助個人找到最初的錯誤根源，並提供更適合的生活建議。這種專業指導可以幫助我們更容易理解自己，並在生活中做出更明智的選擇。

我們的童年經歷對我們的人生觀形成有著深遠的影響。然而，相同的童年遭遇可能會被不同的人賦予完全不同的意義。有些人會將不幸的童年經歷視為動力，激勵自己努力奮鬥，為下一代創造更好的生活。另一些人可能會因此對生活感到不公平，對世界充滿怨恨。還有一些人可能會將童年的不幸作為自己現在行為的藉口。

這些不同的解讀方式直接影響了個人的行為和生活態度。要改變一個人的行為，首先需要改變他們的思維方式。個體心理學在這一點上提供了重要的洞見，打破了決定論的桎梏。它指出，我們的人生並非由過去的經歷直接決定，而是取決於我們如何解讀這些經歷，以及我們賦予生活什麼樣的意義。

因此，修正人生觀的關鍵在於重新審視我們的錯誤認知，認識到這些錯誤的本質，並努力修正我們的統覺方案。這是一個需要勇氣和毅力的過程，但也是通往更富意義和滿足的人生的必經之路。透過這樣的努力，我們可以擺脫過去的束縛，重新定義自己的人生意義，創造出更加積極和富有成效的生活方式。

超越困境：幫助特殊需求兒童走向社會貢獻之路

在探討兒童心理發展時，我們不得不面對一個重要的現實：某些童年情境確實容易導致錯誤人生觀的形成，進而引發失敗行為。特別是那些身體有缺陷或幼年時期曾患重病的兒童，他們的成長道路往往充滿挑戰。

這些不幸的經歷可能使他們難以理解生活的真正意義在於為社會做貢獻。如果沒有親密之人的適當引導，他們很可能會沉浸在自己的小世界裡，無法關注他人。更糟糕的是，在當今社會中，同齡人的比較、憐憫或嘲笑可能會加重他們的自卑感，使他們變得孤僻內向，失去正常生活的信心，甚至產生被世界遺棄的錯覺。

然而，我們不應將這些困難視為不可踰越的障礙。事實上，許多為人類文明做出重大貢獻的偉人，在童年時期也曾面臨身體缺陷或疾病的困擾。他們中有些人飽受病痛折磨，有些甚至英年早逝。但正是這些艱難的經歷磨練了他們的意志，激發了他們的潛能，使他們在克服困難的過程中培養出非凡的能力。

因此，我們不能僅僅依據生理表現來判斷一個人的發展方向。相反，我們應該致力於尋找克服這些困難的方法，而不是將所有失敗簡單地歸咎於遺傳因素或身體條件。每個孩子都是獨一無二的個體，即使面臨相似的挑戰，他們受到的影響也各不相同。

作為研究者和教育者，我們的責任是為這些特殊需求的兒童提供正確的引導和支持，幫助他們理解並克服自身的困難。只有這樣，我們才能真正幫助他們擺脫自我中心的束縛，發掘潛能，為社會做出貢獻。這不僅是對個人的幫助，更是整個社會的進步。

溺愛的代價：扭曲的人生觀與社會適應困境

被溺愛的孩子長大後往往會形成一種扭曲的人生觀，這種觀念不僅影響他們自身的發展，也可能對社會造成危害。這類人從小就被灌輸一種錯誤的認知：他們的需求和願望應該得到優先滿足，不需付出努力就能得到重視和關注。這種教育方式導致他們缺乏獨立性和解決問題的能力，只知索取而不願付出。

當這些人進入社會後，他們會發現現實與自己的期待大相逕庭。他們不再是眾人關注的焦點，也不能輕易得到想要的東西。這種落差會讓他們產生被世界虧待的感覺，進而採取不同的應對方式。有些人會表面順從但暗地裡尋機報復，有些則會公開反抗社會。無論採取哪種方式，本質上都源於同一個錯誤的世界觀：他們認為自己理應成為最重要的人，得到想要的一切。

這種扭曲的人生觀會給社會帶來諸多問題。他們可能會破壞團隊合作，拒絕承擔責任，甚至採取極端行為來報復社會。更糟糕的是，常規的懲罰對他們往往無效，反而會強化他們對社會的敵意。

要糾正這種錯誤的人生觀，關鍵在於幫助他們重新認識生活的意義。生活不應該是一味地索取和追求個人利益，而應該學會與他人合作，為社會做出貢獻。只有建立正確的價值觀，他們才能真正適應社會，找到人生的意義和價值。因此，家庭教育和社會引導在塑造健康人格方面扮演著至關重要的角色。

被忽視的孩子：愛與信任如何塑造生命意義

在人生的舞臺上，每個孩子都是一個獨特的演員，他們的表現深受成長環境的影響。然而，有些孩子不幸被忽視，這種忽視可能導致他們對生命意義的理解出現偏差。被忽視的孩子往往缺乏對愛和合作的認知，這使他們在面對生活挑戰時常常高估困難，低估自己在他人幫助下的能力。

想像一下，一個孩子從小就被告知世界是冷酷的，他們怎能相信自己可以透過幫助他人贏得愛與尊重呢？這就是為什麼母親的角色如此重要。母親的首要任務是讓孩子感受到她是一個值得信賴的「他者」，並逐步擴大這種信任感，使其涵蓋孩子的整個生活環境。

如果母親未能完成這個任務，孩子日後可能難以產生社會興趣和與他人合作的能力。雖然每個人都有對他人產生興趣的潛力，但這種能力需要細心培養和經常運用，否則就會受到阻礙。

被忽視的孩子可能會表現出對合作的漠視、自閉、無法與他人溝通等特徵。但值得注意的是，完全被忽視的孩子幾乎不存在，因為沒有任何關愛的環境中，孩子是無法生存的。我們通常遇到的是得到較少照顧或在某些方面被忽視的孩子。

對於這些孩子來說，他們可能從未遇到過真正值得信任的「他者」。這種情況在孤兒或私生子中更為常見，這是一個令人心痛的現實。

然而，希望仍然存在。如果我們真正關心這些孩子，努力幫助他們修正處理問題的方法，我們就能理解他們所有行為背後的含義，看到他們對生活意義的獨特理解。

每個孩子都值得被愛，都應該有機會建立健康的人生觀。

作為成年人，我們有責任為下一代創造一個充滿愛與信任的環境，讓每個孩子都能茁壯成長，實現自己的潛力。

早期記憶：塑造人生觀的基石

在人生的早期階段，我們的經歷如同一粒粒種子，悄然播撒在心靈的土壤中。這些看似微不足道的記憶，卻往往成為塑造我們人生觀的關鍵因素。透過分析這些早期記憶，我們可以洞察一個人的內心世界，了解他們對生活的態度和期待。

讓我們來看幾個生動的例子。一個女孩的最早的記憶是「咖啡壺從桌上掉下來，把我燙傷了」。這個記憶暗示著她可能會將生活視為充滿危險和困難的過程，並且容易產生無助感。她可能會習慣性地責怪他人，認為是別人的疏忽導致她受傷。

另一個案例中，一個男孩記得自己「3 歲時從嬰兒車上摔了下來」。這個記憶伴隨著一個反覆出現的噩夢，夢見世界末日的場景。這些早期經歷深深影響了他的人生觀，使他對失敗和災難充滿恐懼。

有趣的是，早期記憶不僅反映了一個人對危險的感知，還可能揭示他們尋求安全感的方式。一個 12 歲男孩回憶起自己曾躲在櫥櫃裡，看著母親焦急地在街上尋找他。這個記憶暗示他可能會透過製造麻煩來獲得關注，以此來尋求安全感。

除此之外，早期記憶還可能反映一個人的社交傾向和獨立性。一位 35 歲的未婚女性回憶起 3 歲時獨自在黑暗的地窖裡被嚇到的經歷，這可能暗示她不太習慣與他人，特別是異性相處。另一個女孩回憶起和姐姐一起玩耍的場景，並表示最害怕「孤獨一人」，這反映出她可能缺乏獨立性。

了解這些早期記憶的重要性在於，它們為我們提供了理解一個人整體個性的鑰匙。透過分析這些記憶，我們可以找到改變和成長的方向。儘管有人認為個性是不可改變的，但事實上，只要我們能夠找到問題的根源，就有可能培養出更合作、更勇敢的生活態度。這正是我們探索早期記憶的意義所在。

從個人成長到社會和諧：合作精神的重要性

合作精神的培養不僅對個人成長至關重要，更是建構健康社會的基石。在現代社會中，我們越來越認識到，單打獨鬥難以應對複雜多變的挑戰，只有透過相互合作才能實現共同進步。因此，從兒童時期開始培養合作意識和能力，對於個人未來的發展和社會的和諧進步都具有深遠影響。

首先，我們需要認識到，合作能力並非與生俱來，而是需要在成長過程中逐步培養和鍛鍊的。家庭教育和學校教育都應該為兒童提供充分的機會，讓他們學會與他人相處、溝通和合作。這不僅包括與同齡人一起完成任務或遊戲，還包括參與各種團體活動，體驗分工合作的樂趣和意義。

其次，我們要警惕過度保護和溺愛對兒童合作能力發展的負面影響。被寵壞的孩子往往缺乏社會感，難以理解他人的需求和感受，這會導致他們在學習和工作中遇到困難。因此，家長和教育者應該適度放手，讓孩子有機會自己面對挫折，學會承擔責任，培養獨立性和適應能力。

此外，我們還要注意培養兒童正確的人生觀和價值觀。讓他們明白生活的意義不僅在於個人的得失，更在於對他人和社會的貢獻。只有懂得「生活意味著奉獻」的人，才能在面對困難時保持勇氣和毅力，不斷追求進步和成功。

最後，我們要相信每個人都有改變和進步的可能。即使是曾經缺乏社會感的孩子，只要得到正確的引導和機會，也能逐漸建立自信，學會與他人合作，成為對社會有貢獻的人。這需要教師、家長和心理學家的共同努力，為孩子們創造一個鼓勵合作、尊重個性的成長環境。

心靈與肉體：
生命的共舞

人類自古以來就對心靈與肉體的關係充滿好奇與爭議。唯心主義與唯物主義的辯論持續了數千年，卻始終沒有定論。個體心理學為我們提供了一個新的視角，讓我們得以跳脫非此即彼的思維模式。

事實上，心靈與肉體都是生命的表現形式，是生活整體不可分割的組成部分。我們可以將生命比作一場精妙的舞蹈，心靈與肉體在其中相互配合、相互影響。

讓我們首先思考一下植物的例子。植物扎根於地，無法移動。即使它們擁有某種我們能理解的「頭腦」，這種能力也無濟於事。相比之下，動物和人類因為能夠移動，所以擁有預見和決策能力就顯得尤為重要。正如莎士比亞在《哈姆雷特》中所言：「你當然有思慮，否則你就不會有動作。」

人類的行為比其他生物更為複雜多樣。我們不僅能夠做出更豐富的動作，還能夠透過這些動作改變周圍的環境。這種能力使得我們的預見能力和目標設定變得越來越清晰和遠大。

然而，無論我們的具體目標如何多樣，所有的努力都指向一個共同的終極目標：獲得安全感。我們渴望在生活中解決所有困難，在周圍環境中安全且成功地突圍。為了實現這個目標，我們的行為和語言必須協調一致。

心靈的發展似乎就是為了實現這個終極目標，而肉體也在努力與心靈達成統一。例如，當我們的皮膚受傷時，整個身體都會努力使其恢復。但肉體並非孤軍奮戰，心靈也在開發潛能的過程中給予支持。體育運動和良好的衛生習慣都是心靈助力肉體發展的例證。

因此，我們可以說，心靈與肉體之間存在著一種和諧的共生關係。它們共同編織著生命的華麗篇章，在這場生命的共舞中相互支持、相互成就。理解這種關係，我們就能更好地照顧自己的身心健康，實現更高層次的生活品質。

心靈與肉體的生命之舞：探索人類行為的本質

人生如同一場精彩絕倫的舞蹈，而心靈與肉體則是這場舞蹈中永不分離的舞伴。從生命的第一聲啼哭到最後一絲呼吸，這對舞伴始終緊密相連，共同譜寫著生命的樂章。心靈如同一位富有創意的編舞者，不斷為肉體設計新的舞步；而肉體則是忠實的執行者，將心靈的意圖轉化為優雅的動作。

在這場生命的舞蹈中，每一個動作、每一個表情都蘊含著深刻的含義。就像舞者的眼神能傳達情感，我們的一舉一動也在訴說著內心的故事。這正是心理學研究的精髓所在 —— 解讀人類行為背後的密碼，探索每個個體獨特的生命旋律。

然而，這場舞蹈並非總是完美無瑕。有時，心靈可能會選擇錯誤的舞步，導致整個表演失去平衡。就像一個盜竊者，他的目標可能是追求安全感，但選擇了一條危險且有害的道路。我們的任務不是批評他的目標，而是幫助他找到更好的方式來實現夢想。

在這場舞蹈中，情感扮演著至關重要的角色。它們就像是舞蹈中的節奏和韻律，引導著我們如何與環境互動。情感能夠調整我們的姿態，使我們更好地應對生活中的挑戰。它們不僅僅是生理反應，更是我們生活方式和奮鬥目標的反映。

作為這場舞蹈的觀眾和研究者，我們不應僅僅關注表面的動作，而是要深入理解每個舞步背後的意義。我們要探索的不是肌肉如何運動，而是為什麼要做這個動作。這就是個體心理學的魅力所在——它超越了純粹的生理學解釋，直指人類行為的本質和目的。

在這場永不停歇的生命之舞中，讓我們懷著好奇和敬畏之心，繼續探索心靈與肉體這對神奇舞伴的奧祕。因為只有理解了這場舞蹈的本質，我們才能真正掌握生命的節奏，在人生的舞臺上盡情綻放。

情感與目標：探索人類行為的內在動機

在我們探討人類行為的過程中，我們發現情感與個人目標之間存在著密切的聯繫。這種關係不僅展現在日常生活中，更在各種心理異常狀態中表現得尤為明顯。我們的研究重點並非追溯焦慮等情緒狀態的生理或先天原因，而是關注這些情感如何被個體用作實現特定目標的工具。

以焦慮為例，一個習慣了母親照顧的孩子可能會利用焦慮來控制母親的行為。同樣，憤怒也可能是一種控制他人或情境的策略。這種觀點將我們的注意力從單純的情感描述轉向了更深層次的行為動機分析。

我們發現，一個人的情感發展方向與其生活目標高度一致。無論是焦慮還是勇敢，快樂抑或悲傷，都與個人的生活方式相對應。例如，一個習慣透過悲傷獲得優越感的人，很難在成就中感受到真正的快樂和滿足。這種情感模式成為了個人固有的生活方式。

更有趣的是，我們注意到情感會根據需要而產生或消失。一個有社交恐懼症的人在家中或處於支配地位時可能完全不會感到焦慮。這進一步證實了情感與個人目標之間的緊密聯繫。

在性和愛情方面，我們也觀察到類似的模式。當一個人專注於實現特定的性目標時，相關的情感和功能就會出現，同時排除其他可能相矛盾的興趣。這種選擇性的情感和功能投入可能導致各種性功能障礙，如陽痿、早洩或性冷淡等。

透過一個具體案例，我們可以更清楚地看到這種情感與目標的關係。一個患有嚴重愧疚症的男孩，透過過度自責來證明自己的誠實，以此獲得優越感。這種行為模式源於他對道德完美的追求，以及與兄長競爭的潛在願望。隨著年齡增長，他的愧疚感不斷擴大，最終影響到他的學業和職業生涯。

這些觀察使我們得出結論：人類的情感與行為並非孤立存在，而是緊密聯繫於個人的目標和生活方式。理解這種聯繫對於我們更深入地認識人類行為具有重要意義。

掙扎與超越：人性深處的心靈之旅

在人生的舞臺上，每個人都在上演著自己獨特的戲碼。這位年輕人的故事恰如一面鏡子，反映出人性深處的掙扎與渴望。他的經歷讓我們看到，心靈與肉體是如何緊密相連，相互影響的。

從精神病院的診斷到藝術史的轉向，從教堂中的懺悔到裸體用餐的舉動，這些看似荒誕的行為背後，都蘊含著深層的心理動機。他渴望超越，卻又深陷自卑；他追求優越感，卻用一種扭曲的方式表達。這種矛盾折射出人性的複雜性，也揭示了早期經驗對人格塑造的重要性。

心理學告訴我們，人的行為總是有其意義。這位年輕人的種種表現，都是他試圖適應環境、追求優越感的方式。然而，這種努力往往指向了生命中無用的方面，反而暴露了他內心的脆弱與不安。

有趣的是，身體器官的功能缺陷可能會給兒童的心理發展帶來更大的挑戰。這些孩子為了達到與他人相同的目標，需要付出更多努力，更加集中注意力。這種額外的負擔可能導致他們變得以自我為中心，社交能力較弱。

但是，命運並非無可改變。如果頭腦活躍，加之努力學習克服困難，那麼即使有身體上的障礙，個體也可能取得卓越的成就。事實上，這些困難可能成為更強大的激勵因素，推動他們超越常人。

這個故事啟示我們，人生的意義不在於我們擁有什麼，而在於我們如何看待和運用我們所擁有的。每個人都有自己的優勢和劣勢，關鍵在於我們如何理解自己，如何與環境互動，以及如何在逆境中找到前進的動力。

克服困境：從缺陷到優勢的心靈之旅

生活中的挑戰往往能成為我們成長的契機。當我們面對先天或後天的缺陷時，我們的心靈如何應對這些困難，將決定我們是否能將劣勢轉化為優勢。

讓我們看看一些具體的例子。視力有問題的孩子可能會因為需要更加專注才能看清事物，而對可見世界產生更深刻的體驗。這種提早自我認識可能成為他們日後成為優秀藝術家或詩人的基礎。同樣，天生慣用左手但被迫使用右手的孩子，如果能夠克服這種困難，反而可能在書法、繪畫和手工方面表現出色。

然而，克服困難並非僅僅依靠意志力就能實現。關鍵在於我們如何看待這些挑戰，以及我們為什麼要克服它們。如果一個孩子只是為了克服困難而奮鬥，他可能會落後於他人。相反，如果他有一個更宏大的目標，比如為人類做出貢獻，那麼克服困難就會成為實現這個目標路上的一個自然過程。

這種心態的轉變對於克服遺傳性問題同樣重要。以尿遺症為例，僅僅依靠生理因素並不能完全解釋這個問題。家庭環境、父母的態度，以及孩子自身的心理狀態都扮演著重要角色。過度關注問題反而可能適得其反，導致孩子將此作為反抗的工具。

因此，無論我們面對什麼樣的困難，關鍵在於我們如何看待它們，以及我們為什麼要克服它們。只有當我們的目標超越了困難本身，當我們將注意力集中在更有意義的事物上時，我們才能真正地成長，並將我們的缺陷轉化為優勢。這是一個需要時間和耐心的過程，但結果往往令人驚喜。

心靈與身體的對話：探索心理對生理的深遠影響

在人類的成長過程中，我們不斷地見證著心靈對肉體的深刻影響。這種影響不僅僅局限於某些特定的行為或症狀，而是貫穿於整個生理和心理發展的過程中。我們的身體，就像一本開放的書，不斷地訴說著內心世界的故事。

讓我們以兒童的遺尿現象為例。表面上看，這似乎只是一個生理問題，但深入探究就會發現，它往往是一種複雜的心理表達。當一個孩子感到被忽視或失去了原有的關注時，遺尿可能成為他重新獲得注意力的方式。這種行為背後隱藏著一個訊息：「我還需要你的照顧。」

同樣，一個膽小害羞的男孩可能會在身體發展上落後於同齡人。這並非因為他天生體弱，而是因為他的心理狀態影響了他對體能活動的態度和參與程度。他可能會不自覺地迴避那些需要展示力量或勇氣的活動，從而導致肌肉發展相對滯後。

情緒對身體的即時影響更是顯而易見。憤怒、焦慮、悲傷等情緒都會在身體上留下痕跡，無論是面部表情的變化，還是生理反應如心跳加速、出汗等。每個人都有自己獨特的「身體語言」，在面對恐懼時，有人會顫抖，有人會臉色蒼白，有人則會呼吸急促。

更有趣的是，這種心理 - 生理連線有時會表現得相當出人意料。例如，一些兒童在面臨考試壓力時可能會感到性興奮，這看似無關的兩種狀態實際上可能源於同一種緊張情緒。同樣，一些罪犯在犯罪後尋求性行為，也可能是一種緊張情緒的宣洩。

整體而言，我們的身體就像是心靈的舞臺，每一個動作、每一個反應都可能是內心世界的一次演出。理解這種聯繫，不僅有助於我們更好地認識自己，也能幫助我們更深入地理解他人。在這個過程中，我們會發現，身體和心靈之間的對話，遠比我們想像的要豐富和微妙得多。

心靈與身體的奇妙互動：探索情緒對健康的影響

情緒與身體的關係一直是一個引人入勝的話題。我們的心靈狀態如何影響我們的生理反應？這種互動又能告訴我們什麼？讓我們深入探討這個迷人的領域。

首先，我們需要認識到，每個人對情緒的身體反應都是獨特的。有些人在憤怒時會胃痛，有些人則會頭痛。這些反應往往有遺傳因素，因此我們可以在同一個家族中觀察到相似的模式。這不僅僅是巧合，而是我們基因遺產的一部分。

然而，最令人著迷的是心靈如何透過情緒引發各種身體狀況。例如，當我們憤怒時，我們的身體會做出各種反應：面紅耳赤、胃部不適，甚至可能引發偏頭痛。這些反應告訴我們，我們的情緒狀態直接影響著我們的生理健康。

緊張是另一種能夠引發明顯身體反應的情緒。有些人會不自覺地敲打桌子或咬嘴唇，這些行為都是緊張情緒的外在表現。即使是在陌生人面前臉紅或手足無措，也是緊張感作用於我們身體的結果。

更深入地看，我們會發現身體的每一部分都與某種情緒表達相關。這種關聯不僅影響我們當前的身體狀態，還可能對我們的長期健康產生影響。例如，一個經常保持勇敢態度的人，可能會發展出更結實的肌肉和更穩健的姿態。

最後，值得注意的是心靈對大腦的影響。研究顯示，即使在大腦受損的情況下，透過適當的訓練，其他腦區也可以接管受損部分的功能。這一發現為個體心理學的教育應用開闢了新的可能性，也給那些先天大腦功能有缺陷的人帶來了希望。

整體而言，探索心靈與身體的關係不僅能幫助我們更容易理解自己，還能為改善我們的整體健康提供新的視角和方法。

探索心靈與身體的迷宮：超越偏見，追尋人性的真相

在探索人性的旅程中，我們不得不面對一個引人入勝的謎題：心靈與身體之間的關係。這個謎題如同一個錯綜複雜的迷宮，吸引著無數學者和研究者前來探索。然而，就如跟我們之前所討論的，這個領域仍然存在許多未解之謎。

讓我們回顧一下克瑞奇米爾的研究。他試圖透過人的外貌特徵來解讀其內在性格，這無疑是一個大膽而有趣的嘗試。然而，我們必須謹慎地看待這種簡單化的分類方法。畢竟，人性的複雜性遠遠超出了我們的想像。

不可否認，我們的確會不自覺地根據他人的外表做出判斷。這種本能反應可能源於我們祖先為了生存而進化出的快速評估機制。但是，我們不應該讓這種本能支配我們的理性判斷。正如我們所知，外表與內在並不總是一致的。

更重要的是，我們應該關注一個人的合作能力，而不是他們的外表。合作能力是一個人能否在社會中成功生存的關鍵因

素。它不僅影響個人的發展，也決定了整個社會的進步。

然而，我們也要警惕過度簡化的危險。將人分為「外向」或「內向」這樣的類型，可能會忽視人性的多樣性和複雜性。每個人都是獨特的個體，都有自己的優點和缺點。

我們應該努力創造一個包容的社會，讓每個人，無論其外表如何，都有機會發展自己的潛力，貢獻自己的才能。這需要我們不斷提高自己的認知能力，擺脫偏見和成見的束縛。

最後，讓我們記住，人性是一個永恆的謎題。我們的探索永遠不會結束，但正是這種持續的探索，才能讓我們更容易理解自己，理解他人，最終創造一個更加和諧的世界。

合作精神：心理健康的基石

在人生的早期階段，我們就開始塑造自己的心理世界。四五歲時，兒童已經建立了心靈和肉體之間的基本關係，設定了心理奮鬥目標，形成了固定的生活方式。這種生活方式不僅包括情感和生理習性，還融入了一定程度的合作精神。正是透過這種合作精神，我們學會了理解和評判他人。

個體心理學認為，心理學的核心任務是了解合作中的缺陷。所有失敗者的共同特點就是合作能力極低。這一觀點為我們提供了一個全新的視角來看待心理健康和個人發展。

我們必須認識到，心靈是一個整體。個體的所有情緒和思想都與其生活方式保持一致。因此，如果我們發現某人的情感造成了明顯困難，僅僅試圖改變這些情感是不夠的。要從根本上改變不良情緒，我們必須改變整個生活方式。

這種整體性的觀點為教育和治療提供了重要指引。我們不應該只關注單一症狀或現象，而是應該在整個生活方式的選擇中，在個體對經歷的解讀中，在賦予生命的意義中，以及在對身體和外界刺激的反應中，找出潛在的錯誤。

真正的心理學不應局限於表面的行為研究，如觀察兒童對疼痛或癢的反應。雖然這些研究可以告訴我們一些關於個人心理的訊息，但它們僅僅證明了每個人都有一種固定和特有的生活方式。相比之下，個體心理學將生活方式視為最恰當的研究對象。

在個體心理學中，我們關注的是統一的心靈，研究個體如何賦予世界和自己意義，他們的目標是什麼，奮鬥的方向如何，以及他們解決問題的方式。透過研究個體與他人合作能力的高低，我們可以更容易理解心理差異，從而為促進個人成長和社會和諧提供有力支持。

自卑情結的多面性：理解與應對

自卑情結是個體心理學中一個重要而複雜的概念。雖然這個術語已被廣泛接受，但其真正含義和應用方式卻常常被誤解。我們不能簡單地告訴一個人他有自卑情結，因為這可能會加重他的自卑感，而無助於解決問題。

自卑情結的表現形式多種多樣，不僅僅局限於順從、安靜或矜持的行為。事實上，一個人的自卑感可能以各種方式表現出來，有時甚至表現為傲慢或攻擊性的行為。就像那個動物園的故事所展示的，面對同一情境，不同的孩子會用不同的方式來表達他們的恐懼和自卑。

我們每個人都會在某些方面感到自卑，因為我們總會遇到一些超出我們能力範圍的挑戰。關鍵在於如何應對這種感覺。健康的方式是透過實際努力來改善處境，而不健康的方式則是透過自我欺騙或自我麻痺來產生虛假的優越感。

當一個人無法有效地應對自卑感時，他可能會採取一些看似無目的的行為。這些行為雖然不能真正改善處境，但卻能暫時緩解他的不適感。比如，一個在工作中感到無能的人可能會在家裡表現得專制，以此來安慰自己。

理解自卑情結的關鍵在於認識到，每個人都在尋求某種滿足感。我們需要觀察一個人的行為模式，理解他們背後的動機，而不是簡單地貼標籤。只有這樣，我們才能真正幫助他人克服自卑，建立健康的自我認知和行為方式。

自卑情結的深層剖析：從行為模式到心理機制

自卑情結是一種複雜的心理現象，其表現形式多樣，影響深遠。當個體面臨超出自身能力範圍的問題時，自卑情結便會悄然而生。這種情結不僅僅表現為自我貶低，還可能以憤怒、淚水或道歉等方式呈現。

為了彌補內心的自卑，個體往往會尋求一種虛幻的優越感。然而，這種優越感並不能真正解決問題，反而會將注意力引向生活中無關緊要的方面。自卑的人傾向於設限自己的行為，更多地關注如何避免失敗，而非追求成功。在困難面前，他們表現出猶豫、徬徨，甚至退縮。

廣場恐懼症就是一個典型的例子。患者深信自己必須待在熟悉的環境中，生活中充滿危機。這種態度如果繼續發展，可能導致極端的行為，如將自己關在房間裡或臥床不起。而自殺則是面對困難時最徹底的退縮表現，反映出個體對生活完全絕望，認為無力改變現狀。

值得注意的是，自殺往往帶有譴責或報復的性質。自殺者常將死亡的責任歸咎於他人，彷彿在控訴他人的殘忍對待。這種行為背後，隱藏著一種扭曲的優越感追求。

精神病患者通常會在不同程度上限制自己的行為，迴避生活中的真正問題。他們為自己建構了一個狹窄但安全的小天地，將外界的一切阻隔在外。在這個封閉的空間裡，他們要麼自吹自擂，要麼牢騷滿腹，目的只有一個 —— 在不付出努力的情況下獲得優越感。

童年經歷在塑造這些行為方面發揮至關重要的作用。一個學會用眼淚來操控他人的孩子，長大後可能會變得容易抑鬱。「淚的力量」—— 眼淚與抱怨 —— 可以成為削弱合作、壓制他人的有力武器。

從自卑到進步：人類矛盾中的生存之道

人類的生存之道，似乎總是建立在一種奇妙的矛盾之上。我們是如此脆弱，卻又能夠創造出如此輝煌的文明。這種矛盾的根源，或許就在於我們與生俱來的自卑感。

讓我們先來看看那些被視為「異常」的人。口吃者、學習困難的兒童、長期失業者、婚姻問題纏身的成年人、強迫症患者、失眠症患者……他們身上都展現出一種共同的特質：自卑情結。這種情結使他們無法有效地解決生活問題，阻礙了他們的進步。甚至在性生活中，我們也能看到這種自卑感的影響，表現為各種性功能障礙。

但是，自卑感真的只是一種負面的東西嗎？事實上，它可能是人類進步的根本動力。科學的進步、文化的發展，都可以被視為人類試圖克服自卑感的結果。想像一下，如果有外星訪客來到地球，他們很可能會得出這樣的結論：人類似乎認為自己是地球上最弱小的生物，所以才會建立如此複雜的社會結構和文明體系。

這種觀察並非毫無道理。與其他動物相比，人類確實在許多方面都顯得弱小。我們沒有獅子的力量，也沒有猩猩的體格。我們的嬰兒更是脆弱，需要多年的照顧才能獨立。正是這種弱小，迫使我們必須學會合作，發展出複雜的社會關係。

然而，人類的奮鬥永無止境。即使是最善於合作的人，也會不斷遇到新的挑戰。我們永遠無法達到生命的最高目標，但這恰恰是生活的魅力所在。如果一切都可以預見，如果我們無所不知，生活將變得無比枯燥。科學將失去意義，藝術和宗教也將失去它們的魔力。

因此，我們應該感到慶幸，生活並非如此輕易就能被徹底解答。新的問題總是不斷出現，為我們提供新的合作和奉獻的機會。這種永不止息的奮鬥，正是推動人類不斷前進的動力泉源。

追求優越感：人生的奇特旋律

每個人都在追求優越感，這種追求如同一首獨特的旋律，貫穿於我們的生活方式之中。然而，這旋律並非清晰可見，而是隱藏在生活的細節之中，需要我們細心觀察和推敲。就像解讀一首詩，我們必須逐字逐句地理解，才能領會其中蘊含的深意。

生活的意義通常在人生的前四五年就已經確定，但這並非透過精確的計算得出，而是透過在黑暗中摸索和探尋。我們就像瞎子摸象，憑藉感覺捕捉各種暗示，然後做出自己的解釋。對優越感的追求也是如此，它是一種動態的傾向，而非固定不變的目標。

沒有人能夠完全描述自己所追求的優越感。即使我們知道自己的職業目標，那也只是整個奮鬥目標中的一小部分。以醫生為例，成為醫生可能意味著彌補某種自卑感，而這種自卑感可能源於兒童時期對死亡的認知。又如教師，有的人可能因為社會感較弱，只有在面對更年輕、更弱小的人時才感到安全；

而有高度社會感的教師則會平等對待學生，希望為人類福祉做出貢獻。

我們需要透過表面現象觀察本質，尋找一個人背後的一致性 —— 其人格的整體。這個整體就像一個不規則三角形，無論從哪個角度看，本質上都是相同的。然而，我們不能期望透過某一種具體行為就能完全滿足一個人的優越感。健康、正常的人在遇到阻礙時能夠靈活地找到新的出口，而不是固執地盯著某個特定目標不放。

理解一個人的生活方式就像欣賞一門藝術，需要細心、耐心和洞察力。我們必須學會欣賞生活意義這門藝術，才能真正理解每個人獨特的人生旋律。

追尋神性的慾望：人類行為背後的深層動機

人類的行為和目標始終受到一種深層動機的驅使 —— 追求成為神一般的存在。這種渴望不僅存在於兒童的天真表達中，更是哲學家、教育家和宗教信徒共同的理想。從古代宗教戒律到現代「超人」概念，我們可以看到這種神化理想的不同表現形式。

即使是在精神疾病患者身上，這種追求優越感的慾望也表現得尤為明顯。他們可能聲稱自己是拿破崙或皇帝，渴望成為世界的中心，擁有超自然能力。這種對神性的追求同樣展現在人類對知識、智慧和長生不老的嚮往中。

然而，我們需要認識到，這種追求神性的目標會影響個人的行為方式。每個人為了實現自己眼中的優越感，都會採取相應的行動。這解釋了為什麼有些問題兒童、罪犯或其他行為偏差者的行為看似不合理，實際上卻是為了達到他們特定的目標。

舉例來說，一個懶惰的學生可能是為了吸引老師的注意力；一個看似愚笨的孩子可能是為了避免麻煩。這些行為從他們的目標角度來看是合理的，甚至是明智的選擇。

因此，個體心理學認為，單純針對症狀的治療是不夠的。無論是在醫學還是教育領域，我們都需要深入了解個體的內在動機和目標。只有這樣，我們才能真正理解並幫助他們改變行為。

最終，我們必須認識到，這種對神性的追求是人類的一種普遍現象。即使是無神論者也可能表現出征服或超越神的慾望。理解這一點，有助於我們更容易理解人性，並在教育、心理治療等領域採取更有效的方法。

生活中的心理武器：症狀背後的目的

在我們的生活中，每個人都有自己的一套應對方式。有些人選擇直接面對問題，而有些人則會不自覺地發展出某些症狀作為逃避的工具。這些症狀看似是困擾，實則是他們精心打造的心理武器。

以偏頭痛為例，它不僅僅是一種生理疾病，更可能是一種心理防禦機制。當面臨需要社交或做決定的壓力時，頭痛恰好成為了逃避的完美藉口。它既能讓患者避開不想面對的情況，又能獲得他人的關注和同情。這種症狀所帶來的好處，在患者看來可能比痛苦更有價值。

然而，單純地治療症狀並不能解決根本問題。即使透過震撼療法或藥物治療暫時緩解了頭痛，患者很可能會很快發展出新的症狀，比如失眠。這是因為產生症狀的根本目的並沒有改變。

要真正幫助這些人，我們需要了解症狀背後的目的。就像我在黑板頂上的比喻一樣，表面上看似瘋狂的行為，實際上可能是為了達到某種心理需求。只有當我們理解了這種需求，才能幫助患者找到更健康的方式來滿足它。

改變一個人的目標比改變他的行為要有效得多。一旦目標改變，相應的行為和態度自然會隨之調整。這就像是一個 30 歲的女性患者，她的焦慮症實際上源於童年時期被過度保護的經歷。透過了解她的成長背景，我們才能真正幫助她克服社交恐懼，實現獨立自主。

在心理治療中，我們必須深入探索患者的童年經歷和最早的記憶。這些往往能揭示出他們當前行為模式的根源。只有找到症狀背後的真正目的，我們才能幫助患者建立更健康、更適應性的生活方式。

在矛盾中尋找自我：少女的心靈掙扎

我們常常會遇到一些特別的個案，讓我們深入思考人性的複雜性。今天，我想和大家分享一個令人深思的故事，關於一個年輕女孩如何在複雜的家庭環境中尋找自我認同。

這個 15 歲的女孩，她的生活充滿了挑戰和矛盾。她失蹤 8 天後被送到少年法庭，編造了一個被綁架的故事。這個謊言背後，其實隱藏著她內心深處的掙扎和痛苦。

當我見到她時，我試圖以一種開放和理解的態度與她交流。我問她想成為什麼樣的人，希望給她一種我真誠關心她命運的印象。在談話中，我請她分享她的夢。她笑著告訴我一個夢：「我去了一個非法飯店。出來時，見到了我的媽媽。很快，我的爸爸也到了。我要媽媽把我藏起來，這樣爸爸就看不見我了。」

這個夢境清晰地反映了她內心的恐懼和矛盾。她害怕父親，總是與他對抗。父親過去的懲罰讓她感到恐懼，因此她選擇用謊言來保護自己。這種行為模式形成了一個惡性循環：害怕懲罰導致說謊，說謊又引發更多的懲罰和不信任。

在這個案例中，我們可以看到，這個女孩的行為背後其實是一種自我保護的機制。她透過反叛和謊言來對抗她感覺不公平的世界，試圖在混亂中找到一絲控制感。然而，這種方式並不能真正解決她的問題，反而可能讓她陷入更深的困境。

作為心理學家，我們的任務是幫助她認識到自己行為的根源，並找到更健康的方式來表達自己的需求和情感。只有理解了她的內心世界，我們才能真正幫助她走出困境，重新建立與家人、社會的健康關係。

培養孩子的社會感：超越自卑與優越的心理迷障

在我們的臨床實踐中，經常會遇到孩子撒謊的案例。這種行為往往反映出家庭中存在嚴格的管教方式，特別是來自父親的威權。孩子們之所以選擇隱瞞真相，是因為他們認為說出實情可能會帶來危險或懲罰。然而，這種行為背後還隱藏著更深層的心理動機。

以我們遇到的那個女孩為例，她與母親關係融洽，卻因為畏懼父親而不敢坦白自己被引誘到非法飯店的經歷。這種行為不僅是出於恐懼，更是一種想要戰勝父親、擺脫壓制的潛意識表現。她認為只有透過傷害父親才能達到這個目的。

這個案例引發了一個更廣泛的問題：我們如何幫助那些在追求優越感的過程中誤入歧途的人？關鍵在於理解追求優越感是人之常情，是推動人類文化發展的重要動力。我們需要以同理心看待他們的努力，幫助他們認識到他們的錯誤僅僅在於設定了無意義的目標。

人類的生活軌跡是一條從低處向高處、從負面到正面、從失敗到成功的進化之路。然而，真正能夠應對生命挑戰的人，是那些在追求成功的同時也能造福他人的人。這種利他精神展現了人類最偉大的特質 —— 合作。

即使是精神病患者或罪犯，也在某種程度上意識到合作的重要性。他們為自己的行為辯護，試圖推卸責任，恰恰說明他們明白社會對合作的期待。然而，由於自卑情結，他們失去了朝著有益方向努力的勇氣，轉而逃避真正的生活問題，沉溺於虛無的幻想中。

因此，我們的任務是幫助這些人，特別是年輕人，擺脫自卑與虛假優越感的束縛，培養他們的社會感，引導他們認識到真正的成功來自於與他人的良性互動與合作。只有這樣，他們才能找到人生的正確方向，為自己和社會創造真正的價值。

記憶與自我塑造：揭示人生故事背後的力量

在人格形成的過程中，記憶扮演著不可或缺的角色。它不僅是我們過往經歷的倉庫，更是塑造個人生活方式的重要工具。每個人都在不斷地編織著自己的生活故事，而記憶就是這個故事的主要素材。

我們常說，人是由過去塑造的。但從個體心理學的角度來看，這句話還可以更進一步：人是由對過去的詮釋塑造的。在無數的生活片段中，我們選擇性地保留了一些記憶，這些記憶並非隨機的碎片，而是經過篩選的、與我們當前生活和未來目標相關的訊息。

記憶就像是一面鏡子，反映出我們對生活的態度和期望。當我們感到沮喪時，腦海中浮現的往往是失敗和挫折的畫面；當我們充滿信心時，成功和喜悅的回憶便會湧現。這種選擇性的記憶提醒著我們生活中的局限，同時也強化了我們對各種事件的解讀。

在治療過程中，了解一個人的記憶可以為我們提供豐富的洞察。就像考古學家從殘垣斷壁中重建一座古城，心理學家也可以從零散的記憶碎片中勾勒出一個人的內心世界。每一段被講述的回憶都是通向理解的一扇窗，揭示著個體如何看待自己、他人和整個世界。

然而，解讀他人的記憶並非易事。它需要我們保持開放和懷疑的態度，仔細聆聽每一個細節，同時也要警惕可能的誤解。我們必須意識到，記憶不僅僅是過去的影像，更是個體為適應現在和未來而進行的持續創作。

在治療中，我們應該與來訪者共同探索這些記憶，理解它們背後的意義和情感。這不僅有助於我們更好地了解個體，也能幫助個體自己重新審視這些記憶，發現可能被忽視的積極因素，從而為生活注入新的活力和可能性。

記憶，作為人生故事的編織者，不僅連繫著我們的過去、現在和未來，更塑造著我們對世界的理解和應對方式。透過深入探索這些個人化的記憶，我們能夠更容易理解每個人獨特的生活方式，進而幫助他們找到更積極、更有意義的人生道路。

記憶的力量：塑造人生觀與生活方式的關鍵

記憶，如同夢境一般，在我們的生活中扮演著舉足輕重的角色。它不僅影響我們的決策過程，更深刻地塑造著我們的人生觀和生活方式。當我們面臨重要抉擇時，往往會不自覺地回憶起過去成功克服困難的經驗，試圖重現那種曾經助我們一臂之力的心境。

這種記憶與心境的關聯，遵循著與情緒結構和平衡相同的原則。一個憂鬱的人，如果能夠喚起美好時光和成功時刻的回憶，往往能夠擺脫低落的情緒。反之，如果他總是沉浸在「我的一生都很不幸」的想法中，就會不自覺地選擇記住那些能夠印證這種不幸命運的事件。

特別值得注意的是早期記憶，它們對我們的人格塑造有著無可替代的重要性。這些最初的回憶不僅揭示了個人生活方式的起源，還以最簡單直接的方式展現了一個人的本質。透過分析這些記憶，我們可以洞察一個兒童是否受到溺愛或忽視、他與他人合作的能力如何、他希望與誰合作，以及他面臨的主要困擾和應對方式。

早期記憶還能反映出一個人的主要興趣和目標。比如，視力不好的兒童可能會特別關注視覺相關的印象，而行動不便的兒童則可能對跑跳等活動表現出濃厚興趣。這些記憶不僅對了解一個人的性格至關重要，在職業指導方面也具有重要價值。

最初的記憶尤其能夠揭示一個人最基本的人生觀。它就像是一個人生態度的雛形，讓我們得以窺見他們的發展起點。正因如此，在研究個性時，詢問最初記憶成為了一個不可或缺的步驟。即使有些人可能拒絕回答或聲稱記不清，這種反應本身也能透露出一些有趣的訊息。

整體而言，早期記憶就像是一面鏡子，反映出我們對自己、對世界的最初認知。它們簡潔而又豐富，為我們理解一個人的內心世界提供了寶貴的線索。透過細心解讀這些看似乎凡的回憶，我們可以描繪出一個人性格特徵的速寫，進而更容易理解他們的生活方式和人生選擇。

早期失落的影響：孩子如何面對親人離世的衝擊

在探討人類早期記憶的過程中，我們常常會遇到一些令人印象深刻的事件。其中，親人的離世無疑是最具衝擊力的經歷之一。就像我們之前提到的那位 3 歲時參加祖父葬禮的小女孩，這樣的經歷往往會在孩子的心理發展中留下深刻的烙印。

對於年幼的孩子來說，死亡是一個難以理解的概念。他們可能會將其等同於最大的不安全感和危險。這種體驗可能會影響他們日後對生命、關係甚至是自我價值的看法。特別是當逝者是一位非常寵愛他們的長輩時，這種影響可能會更加深遠。

祖父母在孩子的生活中扮演著獨特的角色。與父母不同，他們往往能夠更加無條件地給予孩子愛和關注。這種關係對孩子來說就像是一個安全港灣，讓他們感到被愛和被重視。當這個港灣突然消失時，孩子可能會感到極度的失落和不安。

在我們的文化中，老年人常常會透過與孫輩建立親密關係來尋求自我價值的肯定。這種關係對雙方都有益處：老人感到自己仍然有用，而孩子則獲得了額外的愛和關注。然而，當這種關係因死亡而中斷時，孩子可能會感到失去了一個重要的盟友和支持者。

這種早期的失落經歷可能會影響孩子日後對關係的看法。他們可能會變得更加珍惜身邊的人，或者反過來，因為害怕再次經歷失去而變得難以與他人建立親密關係。

因此，當我們遇到類似的早期記憶時，需要特別關注。這可能是理解一個人性格形成和行為模式的重要線索。同時，也提醒我們在幫助孩子面對親人離世時，需要給予適當的引導和支持，幫助他們健康地處理這種失落感。

童年記憶中的生命啟示

回憶是人生的寶藏，它們不僅記錄了我們的過往，更塑造了我們的性格和世界觀。在這些童年回憶中，我們可以窺見一個孩子如何透過生活經歷逐漸認識這個世界，並形成自己獨特的人生觀。

讓我們先來看看那個 3 歲就見證了死亡的小女孩。她清晰地描述了棺材中僵硬蒼白的遺體，以及墓地裡抽出的繩索。這些細節不僅展現了她敏銳的觀察力，更反映出死亡給她幼小心靈留下的深刻印記。面對死亡，她產生了強烈的恐懼，也開始思考生命的意義。「另外一個世界」這樣的說法，正是她試圖理解並接受死亡的方式。

這個經歷很可能會影響她未來的人生選擇。我們可以推測，她長大後可能會選擇成為醫生或護士，希望透過自己的努力來對抗死亡，拯救生命。這種想法源於她對死亡的恐懼，也反映了她想要掌控生命的願望。

再來看看那個騎小馬的女孩的故事。她提到父親買了兩匹小馬，一匹給她，一匹給姐姐。這個細節揭示了家庭中的兄弟姐妹關係。姐姐騎馬時的得意和她自己摔倒的窘境，生動地展現了姐妹間的競爭關係。這種競爭可能源於對父母關注的爭奪，也可能是因為年齡差距帶來的能力差異。

透過這個經歷，我們可以推測這個女孩形成了一種競爭意識：「如果我不夠努力，姐姐就會一直領先。」這種想法可能會激勵她在未來的生活中更加努力，力爭上游。同時，我們也看到她對父親的依戀，這可能是因為她感覺在母親那裡得不到足夠的關注。

這些童年記憶不僅僅是過往的片段，更是塑造一個人性格和人生觀的重要因素。它們影響著我們如何看待生死、如何處理人際關係，甚至如何選擇未來的職業道路。因此，了解並分析這些記憶，對於理解一個人的心理發展過程具有重要意義。

童年競爭與不安全感：家庭關係對女孩性格的深遠影響

在這個女孩的童年記憶中，我們可以清晰地看到家庭關係對她性格形成的深遠影響。從她與姐姐的騎馬經歷開始，我們就能感受到她內心強烈的競爭意識。這種競爭不僅僅是為了勝利，更是為了證明自己的價值。即使後來她的騎術超過了姐姐，那次失敗的經歷仍然在她心中留下了深刻的烙印。

這種競爭意識延伸到了她與弟弟的關係中。在那張四世同堂的合影中，她敏銳地察覺到了自己與弟弟待遇的差異。弟弟坐在椅子扶手上，手握紅球，而她卻兩手空空地站在一旁。這個細節揭示了她內心的不安全感和被忽視的感覺。她可能認為弟弟的出生剝奪了她作為家中最小、最受寵愛成員的地位。

然而，最令人擔憂的是她對社交的態度。本應是愉快的社交體驗，卻因為姐姐的過度要求和家人的責罵而變成了痛苦的回憶。這導致她開始厭惡與人交往，失去了自然交流的能力。她感到自己必須表現出眾，卻又覺得這個任務過於沉重。

這些童年經歷塑造了她的性格：競爭意識強烈，渴望得到認可，卻又害怕社交場合。她對家庭有著深厚的感情，但這種感情可能局限於自己的家人。她是一個視覺型的人，對細節敏感，這或許是她能夠如此清晰地記住這些童年片段的原因。

整體而言，這個女孩的童年記憶揭示了她內心的矛盾：渴望被愛和重視，卻又害怕與人接觸；想要出眾，卻又感到壓力重重。這些早期經歷無疑對她的成長和未來的人際關係產生了深遠的影響。理解這些童年記憶，不僅能幫助我們了解她的行為模式，也為她未來的個人成長和心理健康指明瞭方向。

童年印象：塑造人生的微小瞬間

在人生的長河中，童年的記憶如同一顆顆閃爍的星辰，看似微不足道，卻潛移默化地影響著我們的人生軌跡。這些早期記憶不僅是過往的影像，更是我們性格和行為模式的縮影。

讓我們回顧那位厭惡照相的女孩。她的記憶中，家庭照片的場景成為了一個痛點。「每個人都想照出最好的樣子，但除了我。我一點也笑不出來。」這句話不僅揭示了她與家人之間的矛盾，更暗示了她對自我形象的不滿。這種早期的負面體驗，竟然影響了她日後對拍照的態度。

這個案例生動地說明了人們如何用過去的經驗來解釋現在的行為。我們往往會從記憶中挑選出能夠支持我們當前情緒或行為的片段，即使這種關聯在邏輯上並不那麼緊密。

再看那位品嘗蘋果酒的女孩，她的記憶展現了探險精神和獨立性。「不久後，我們決定再嘗一次，所以我們自己動手了。」這種勇於嘗試的態度，即使導致了不愉快的後果，也為我們描繪出一個願意從錯誤中學習的形象。她的總結「我會犯錯誤，但我一旦意識到，就會馬上改正」，展現了一種積極向上的生活態度。

最後，那位喜歡觀察的男子的案例更是引人深思。他童年時「坐在家裡的窗戶邊，看著街上的人們忙忙碌碌」的記憶，竟然預示了他日後的職業取向。這個例子明確地告訴我們，早期記憶不僅反映了一個人的興趣和性格，還可能暗示了他們未來的職業傾向。

整體而言，這些早期記憶就像是解讀人生的密碼。它們不僅幫助我們理解一個人的行為模式，還為我們提供了改變和成長的線索。透過深入分析這些看似微不足道的回憶，我們或許能夠更容易理解自己，並找到適合自己的人生道路。

滑倒與失語：深藏於身體症狀背後的心理機制

在這個複雜的案例中，我們遇到了一位 32 歲的男子，他因為一次看似乎常的滑倒事故而陷入了長達兩年的嚴重失語症。表面上，這位患者的症狀似乎源於腦震盪，但深入分析後，我們發現了一個更為複雜的心理機制在發揮作用。

這位男子的童年記憶為我們提供了重要線索。他描述的兩次摔倒經歷都與失去語言能力有關，更重要的是，這些事件都引起了母親的強烈反應和關注。這種模式揭示了一個被過度寵愛的孩子的心理特徵：透過製造危機來獲得關注和同情。

在當前的情況下，這位患者似乎將童年的行為模式延續到了成年生活中。他將滑倒事故誇大為一場嚴重的創傷，並將責任完全推卸給計程車司機和公司。這種行為不僅是為了獲得賠償，更是為了重現童年時期那種被關注、被憐愛的感覺。

失語症在這裡成為了一種無意識的策略，一種吸引他人注意力的工具。這不僅能讓他逃避日常生活的責任，還能確保他持續得到他人的關心和照顧。然而，這種策略也讓他陷入了一個困境：他無法解釋自己為什麼不能說話，卻又無法擺脫這種狀態。

治療這樣的患者需要極大的耐心和洞察力。關鍵在於幫助他認識到失語與摔倒之間並無必然聯繫，並引導他探索內心真正的需求。只有當他意識到這種行為模式對自己的限制，並學會用更健康的方式表達需求和獲得關注時，他才能真正擺脫這種自我設限的困境。

這個案例提醒我們，有時看似單純的身體症狀背後，可能隱藏著複雜的心理機制。作為醫生和心理學家，我們不僅要關注表面症狀，更要深入探討患者的生活經歷和心理需求，才能提供真正有效的幫助。

母親的溺愛與父親的權威：一個男孩的成長掙扎

在這個複雜的家庭動態中，我們看到了一個被母親溺愛、同時又受父親嚴厲管教的男孩的成長故事。這個男孩是家中最小的孩子，也是唯一的兒子，與兩個姐姐一同長大。在他的成長過程中，母親成為了他唯一的朋友和避風港，而父親則成為了他反抗的對象。

這個男孩的童年充滿了矛盾和掙扎。他邋遢、膽小、怕黑，不愛獨處，這些特徵都暗示著他對母親的依賴。母親的過度保護使他難以獨立，也影響了他與他人建立關係的能力。雖然他在陌生人中感到自在，但卻很難與人建立深厚的友誼，更遑論戀愛關係。

父親的嚴厲和權威成為了他反抗的焦點。從小時候在飯店工作時被父親當眾掌摑的記憶，到後來拒絕接受父親為他安排的工作，我們可以看到這個男孩一直在試圖擺脫父親的控制。然而，這種反抗並沒有帶來真正的自由和成長，反而讓他陷入了一種自我毀滅的模式。

他的失眠問題就是這種反抗模式的一個巧妙展現。透過無法入睡，他找到了一個合理的藉口來逃避工作，同時又不會完全切斷家庭的經濟支持。這種行為既滿足了他反抗父親的慾望，又維持了與母親的聯盟關係。

他的夢境更進一步揭示了他的內心衝突。夢中不斷彈開的球象徵著他對外界壓力的抵抗，而醒來的行為則代表著他逃避現實的方式。這個夢成為了他維持失眠狀態的心理機制，使他能夠繼續他的反抗行為。

父子抗爭與自我療癒：突破童年陰影的成長之路

在我多年的心理諮商經驗中，這位年輕人的案例無疑是最為典型的父子關係問題之一。他的困擾不僅僅展現在反覆的噩夢和失眠上，更深層次地影響了他的整個生活態度和人生規劃。

當我向他闡明夢境的潛在含義後，那個特定的夢境確實消失了。但這並不意味著問題得到了解決。相反，它只是轉移到了其他方面：他開始故意讓自己疲憊不堪，似乎是為了懲罰自己，同時也是對父親的一種無聲抗議。

在治療過程中，我採取了一種看似矛盾但實則有效的方法。首先，我承認了他對父親的不滿是有理由的。這種認同能夠建立信任，讓他感到被理解。但緊接著，我用了一個生動的比喻來說明他目前行為的徒勞無功：「就像是在跟雨水搏鬥一樣。」

這個比喻讓他意識到，他所有的行為 —— 職業上的猶豫不決、自殺的念頭、逃離家庭，甚至是失眠 —— 都是在透過自我懲罰來報復父親。我甚至建議他去想像自己半夜醒來、第二天無法工作的場景，以及父親因此而大發雷霆的樣子。這種方法看似反常，實則是為了讓他面對現實，認識到自己行為的真正動機。

這個年輕人的問題與經典的「伊底帕斯情結」有些相似，但並非源於性慾，而是來自童年被寵壞的經歷。溺愛的母親和冷漠的父親共同塑造了他扭曲的世界觀。重要的是，我們要認識到這並非源於遺傳或原始本能，而是他對自身經歷的錯誤詮釋。

治療的關鍵在於幫助他與父親和解。只有放下對父親的敵意，他才能真正開始療癒之旅。這需要他重新審視自己的行為模式，認識到這些行為實際上傷害最深的是他自己。

透過這個案例，我們可以看到，童年的經歷如何深刻影響一個人的成年生活。但同時，它也給我們希望：透過正確的引導和自我認知，每個人都有可能突破童年的陰影，重新定義自己與父母的關係，最終實現真正的成長和獨立。

夢的奧祕：探索人類心靈的未知領域

人類自古以來就對夢境充滿好奇和迷戀。幾乎每個人都有做夢的經驗，但卻很少有人能真正理解自己的夢。這種普遍而又神祕的心靈活動，長期以來吸引著人們試圖探索其中的奧祕。

在人類歷史的早期，人們就已經開始對夢境產生濃厚的興趣。他們相信夢境中蘊含著重要的訊息，可能預示著未來或提供解決問題的方法。古代文明中，人們常常將夢視為與神靈或祖先溝通的途徑，甚至會透過各種儀式來引導特定的夢境。

然而，儘管人類對夢的興趣由來已久，我們對夢的本質和功能的理解仍然十分有限。在眾多解釋夢境的理論中，只有佛洛伊德的心理分析學派和個體心理學派提出了相對完整和科學的解釋方法。其中，個體心理學家的方法可能更符合常理。

雖然古人對夢的解釋可能不夠科學，但它們仍然值得我們思考。這些解釋反映了人們對夢的態度和期待，可以幫助我們理解人類做夢的目的。有趣的是，無論是原始部落還是古代文明，人們普遍認為夢與未來有某種關聯。

從科學的角度來看，夢境並不具備預知未來的能力。相比於夢中的混亂思維，清醒時的理性思考更有可能幫助我們預見和規劃未來。然而，人類長期以來對夢與未來關聯的執著可能暗示著某些值得探索的線索。

也許，我們可以將做夢理解為人類在睡眠狀態下試圖解決問題的一種方式。雖然夢中的解決方案可能不如清醒時的理性思考有效，但這種潛意識的努力反映了人類持續不斷尋求指引和答案的渴望。

在探索夢的奧祕時，我們需要避免將夢境與清醒狀態簡單地對立。科學的態度要求我們將兩者視為心理活動的不同形式，而非完全對立的概念。只有以開放和理性的態度，我們才能逐步揭開夢境的神祕面紗，深入了解人類心靈的這一未知領域。

夢境的密碼：
探索內心世界的情感線索

在探索人類心靈的奧祕時，夢境一直是一個引人入勝的領域。雖然佛洛伊德的理論為我們提供了許多有價值的見解，但個體心理學對夢的研究方法提供了一個更全面的視角。我們認為，夢境並非與日常生活割裂的存在，而是個體整體生活方式的延續和反映。

當我們沉浸在夢境中時，我們並沒有停止追求優越感的努力。相反，夢境成為了我們在睡眠狀態下繼續這種追求的方式。這種觀點將夢境與我們的整體個性緊密聯繫在一起，而不是將其視為孤立的現象。

值得注意的是，雖然我們醒來後可能忘記了夢的具體內容，但夢境所引起的內心波動卻往往會殘留下來。這種感覺，而非夢境的具體影像或情節，才是夢的真正目的所在。夢境激發了這些感覺，而這些感覺又影響了我們醒來後的情緒和行為。

這種觀點對於理解被寵壞的兒童的心理特別有幫助。這些孩子在現實生活中不斷尋求滿足感，他們的夢境也可能反映出這種傾向。然而，我們不應將這種行為模式視為普遍現象，而應該將其視為追求優越感的眾多表現之一。

透過這種方式理解夢境，我們可以更好地把握個體的整體性格特徵。夢不再是一個神祕的、與現實脫節的領域，而是我們內心世界的另一個表現形式。它為我們提供了一個視窗，讓我們能夠窺見那些在清醒狀態下可能被忽視或壓抑的思想和情感。

因此，解讀夢境的關鍵不在於分析具體的夢境內容，而在於理解夢境所引起的情感反應。這些殘留的感覺，如同密碼一般，蘊含著關於我們內心世界的重要訊息。透過解讀這些「密碼」，我們可以更深入地了解自己，並在追求個人成長和自我實現的道路上取得進步。

夢境與現實：解構睡眠中的思維世界

在我們的日常生活中，清醒和睡眠這兩種狀態看似截然不同，但實際上它們之間的界限並非如此分明。我們的思維在這兩種狀態下並沒有本質上的區別，只是在接觸現實的程度上有所不同。即使在睡夢中，我們也並未完全與現實脫節。

讓我們深入探討一下睡眠狀態下的思維活動。當我們入睡時，白天困擾我們的問題並不會完全消失。我們的大腦仍在運作，只是以一種不同的方式來處理這些問題。睡眠中，我們與現實的聯繫減弱了，但並未完全斷開。這就解釋了為什麼我們能在睡夢中保持某些基本的意識，比如不會從床上掉下來。

有趣的是，我們的大腦在睡眠中似乎更專注於解決問題，而不受外界干擾。這可能是因為在夢中，我們不需要像清醒時那樣即時應對環境的變化。只有當我們面臨無法輕易解決的問題時，或者當現實的壓力即使在睡夢中也無法擺脫時，我們才會做夢。

夢的本質是什麼？它似乎是我們大腦用來支持和肯定我們生活方式的一種機制。透過做夢，我們試圖逃避常識的束縛，維護我們既有的生活方式。這種機制不僅存在於夢中，在清醒時我們也經常使用類似的策略。當我們面對困難時，我們可能會透過想像或幻想來激發特定的感覺，從而支持我們想要的行為或決定。

然而，這種逃避常識的傾向也可能導致一些問題。那些不願意遵循常識、不願意透過正常有效方式解決問題的人，可能會更頻繁地做夢。他們試圖透過夢境來逃避現實的挑戰，維護自己既有的生活方式。

整體而言，夢境和現實之間的關係比我們想像的要複雜得多。透過研究夢境，我們不僅可以更容易理解我們的潛意識，還能洞察我們在現實生活中面對問題和做出決策的方式。

夢境的自我欺騙：潛意識中的心理防禦機制

夢境，這個神祕而又迷人的心理現象，長久以來一直是人類探索的課題。我們對夢的理解，如今似乎又向前邁進了一大步。我們可以大膽地提出一個新的觀點：夢是一種精心設計的自我欺騙機制。

為什麼會得出這樣的結論呢？讓我們仔細思考一下。每個人都有自己的生活方式，這是我們長期形成的處世態度和行為模式。然而，現實世界常常與我們的生活方式產生衝突。面對這種衝突，我們該如何調和呢？這就是夢境發揮作用的地方。

夢境就像是我們的生活方式與現實之間的一座橋梁。透過做夢，我們試圖在不改變生活方式的前提下，為面對現實做好準備。換句話說，夢境是我們潛意識中的一種自我安慰和自我催眠。它的目的是創造一種特定的心理狀態，使我們能夠更好地應對即將到來的現實挑戰。

在夢中，我們會選擇性地回顧過去的經歷和記憶。這種選擇並非隨機的，而是經過精心挑選的。我們傾向於選擇那些能夠支持我們優越感、符合我們生活方式的記憶片段。這種選擇性回顧的過程，實際上是我們在為自己製造一種虛假的安全感。

值得注意的是，夢中呈現的個性特徵與我們的日常生活中的表現完全一致。這進一步證明了夢境並非是我們人格的另一面，而是我們潛意識中對現實的一種預演和準備。

夢境之詩：解密潛意識的符號語言

在我們的內心深處，存在著一個神祕的世界，那就是夢境。它如同一位默默無聲的詩人，用符號和暗喻編織出一幅幅奇異的畫面。為什麼夢境要選擇這種曲折隱晦的表達方式，而不是直截了當地傳達訊息呢？這個問題引發了我們對夢的本質的深入思考。

夢境之所以採用符號和暗喻，是因為它們能夠突破常識的束縛，將看似不相關的事物巧妙地聯繫在一起。這種獨特的表達方式賦予了夢境無限的創造力和想像空間。就像詩歌一樣，夢境透過巧妙的比喻和象徵，將複雜的情感和思想濃縮成富有意味的意象。

然而，這種表達方式也帶來了一定的風險。符號和暗喻有時會顯得荒誕不經，甚至可能導致邏輯上的矛盾。這種現象不僅存在於夢境中，在我們的日常生活中也屢見不鮮。例如，當我們想要糾正某人的錯誤時，可能會脫口而出「不要這麼孩子氣」或「你是娘兒們嗎」這樣的話。這些表達方式雖然不夠準確，但卻能夠直觀地傳達我們的情感。

暗喻作為一種強大的語言工具，有時甚至會成為我們自欺欺人的手段。就像荷馬描述希臘軍隊如雄獅般橫掃戰場一樣，這種描述並非為了準確還原戰爭的殘酷現實，而是為了喚起讀者心中的英雄主義情懷。透過這種富有想像力的描述，詩人成功地塑造了一個令人印象深刻的場景。

儘管符號和暗喻能夠帶來美感、想像和幻想，但我們也要警惕它們可能帶來的負面影響。對於那些對生活方式存在誤解的人來說，過度依賴符號和暗喻可能會導致現實認知的偏差。因此，我們在解讀夢境和使用比喻時，需要保持清醒的頭腦，辨別其中的真實含義。

夢境的排練場：透過夢境調適現實的生存策略

在生活的大舞臺上，我們每個人都是主角，而夢境則是我們內心戲劇的排練場。透過夢，我們巧妙地編織出各種情境，來應對現實中的挑戰與困境。這種自我欺騙的藝術，不僅僅是逃避，更是一種生存策略。

讓我們想像一個即將面臨考試的學生。他可能會夢見自己在戰場上奮勇作戰，或者站在懸崖邊緣苦苦掙扎。這些看似毫不相關的場景，實則是他內心焦慮的隱喻式表達。透過將考試比作戰爭或懸崖，他為自己的恐懼找到了合理化的藉口。

另一個更有勇氣的學生，則可能夢見自己站在高山之巔。這個簡化的影像排除了考試的諸多方面，只聚焦於成功的前景。這種選擇性的關注激發了積極的情緒，讓他在醒來時感到充滿力量和勇氣。儘管這是一種自我安慰，甚至可以說是自欺欺人，但它確實造成了鼓舞士氣的作用。

我們的心靈擁有驚人的能力，可以精心建構並不斷調整我們的生活方式。其中最關鍵的技能，莫過於激發特定情緒的能力。這種能力在夢中表現得尤為明顯，我們可以透過夢境來操縱自己的感受，進而影響現實中的行為。

就像那個想跳過小溪的人，在跳躍前數到三。這個看似無關的動作，實際上是在集中注意力，調動全身力量的一種儀式。透過這種自我暗示，我們為自己創造了一個心理支撐點。

在我擔任軍隊精神病院院長的經歷中，我親眼目睹了人們如何利用夢境來調節自己的心理狀態。那個體格健壯卻心理脆弱的士兵，以及我自己那個關於成為殺人犯的噩夢，都展示了我們如何在夢中處理現實生活中的矛盾和壓力。

夢境的欺騙與醒悟：一位醫生的自省

醒來後，我腦海中浮現的第一個念頭是：「我殺了誰？」這個荒謬的想法源於我昨晚的夢境，也反映了我作為一名醫生的職業操守和道德負擔。我們的夢往往是現實困境與個人價值觀之間的橋梁，它們以一種隱晦而富有情感的方式揭示了我們內心的矛盾和掙扎。

回想起那個年輕士兵的案例，我不禁感慨自己是如何被夢境和情感所欺騙。我原本認為，如果不給他一份輕鬆的辦公室工作，就可能間接導致他在前線犧牲。然而，現實卻給了我一記當頭棒喝。這個士兵的謊言和長官的受賄行為，都證明了我們不應過分相信表面的東西，更不該被自己的想像所束縛。

這個經歷讓我意識到，夢境雖然能激發我們的情感，但也可能誤導我們的判斷。它們像是一面扭曲的鏡子，反映出我們內心的恐懼、願望和道德困境。然而，我們不應被這些虛幻的影像所矇蔽，而是要學會在清醒時運用理性和常識來面對現實。

作為一個醫生，我的職責是拯救生命，而不是將其置於危險之中。這個信念深深植根於我的生活方式中，以至於在夢中也會影響我的行為和決策。但我逐漸明白，過分依賴這種固有的思維模式可能會讓我忽視現實中的複雜性。

夢的解析因人而異，沒有放之四海而皆準的公式。每個人的生活經歷、價值觀和所面臨的環境都是獨一無二的，因此他們的夢境也應該在這個特定的背景下被理解。我們應該謹慎地對待夢的含義，不要輕易被它們所支配，而是將其視為了解自己內心世界的一個視窗。

最後，我想強調的是，無論是飛翔的夢還是墜落的夢，它們都反映了我們內心深處的願望和恐懼。重要的不是夢的內容本身，而是它們所引發的情感和思考。透過理解這些，我們可以更好地認識自己，並在現實生活中做出更明智的選擇。

夢境符號：揭示潛意識的心理映射與生活挑戰

在我們的夢境中，潛意識常常以象徵性的方式表達我們內心深處的想法和情感。就像一本未解之謎的書籍，每個夢境都有其獨特的語言和符號，等待我們去破譯。讓我們深入探討一下夢境的奧祕，看看它如何反映我們的心理狀態和生活挑戰。

夢見自己不能動彈或錯過火車，這可能是我們潛意識中想逃避某個問題的表現。我們內心深處可能在說：「如果我什麼都不做，是不是問題就會自己消失？」這種心態反映了我們面對困難時的猶豫和迴避。

考試夢是另一個常見的主題。對於一個已經畢業多年的成年人來說，夢見自己還在考試可能意味著你正面臨著新的挑戰或評估。這個夢境可能在提醒你：「你準備好接受生活中的新考驗了嗎？」或者「你過去的經驗足以應對當前的困難嗎？」

然而，解讀夢境並非一刀切的過程。同樣的夢境符號對不同的人可能有截然不同的含義。因此，我們在分析夢境時，更應該關注夢境給我們留下的整體感受，以及它與我們當前生活處境的關聯。

讓我們來看一個具體的例子。一位 32 歲的女性患者夢見自己將公寓租給了一個後來無力支付房租的男子。這個夢境清晰地反映了她現實生活中的困境：她正在考慮是否要嫁給一個經濟狀況不佳的已婚男子。夢境中趕走房客的情節，實際上是她潛意識中對這段關係的抗拒和擔憂的投射。

在個體心理學的治療過程中，我們致力於增強患者面對生活挑戰的勇氣。隨著治療的深入，患者的夢境往往會逐漸變得更加積極正面。這種變化正是內心成長和心理健康改善的展現。

小男孩的內心世界：一個複雜的家庭動力分析

在這個看似平凡的家庭中，我們遇到了一個令人困惑的小男孩。表面上，他生活在一個「幸福」的家庭裡：父母關係融洽，他還有一個可愛的小妹妹。然而，這種表面的和諧卻掩蓋了深層的問題。

這個男孩的行為模式反映了他內心的掙扎和不安全感。他對妹妹的「愛」實際上是一種複雜的情感混合體，包含了嫉妒、競爭和控制慾。他打耳光、踢妹妹的行為，正是這種矛盾心理的外在表現。

家庭的睡眠安排更加劇了這種緊張關係。妹妹睡在父母房間的小床上，而他卻被「流放」到餐廳的睡椅上。這種安排無疑加深了他的被排斥感和對妹妹的嫉妒。

母親的教養方式也值得我們深思。她不直接懲罰孩子，而是把這個責任推給父親。這種做法不僅削弱了父親的權威，也加劇了父子之間的對立。男孩可能因此對父親產生了隱藏的怨恨，儘管他表面上否認這一點。

男孩的飲食問題和對胃的特殊關注，反映了他內心深處的不安全感。他把胃視為弱點，這可能源於早期的餵養經驗和家庭中對胃問題的過度關注。他向鄰居抱怨挨餓的行為，實際上是一種尋求關注和同情的策略。

他的夢境揭示了他內心的英雄情結和暴力傾向。在夢中，他把自己想像成一個勇敢的牛仔，必須透過暴力手段才能生存。這反映了他在現實生活中感到被孤立和威脅，需要透過攻擊性行為來證明自己的價值。

整體而言，這個案例展示了家庭動力如何塑造一個孩子的性格和行為。表面的家庭和諧可能掩蓋著深層的問題，而孩子的「問題行為」往往是這些隱藏矛盾的表現。要真正幫助這個男孩，我們需要深入理解他的內心世界，並重新審視整個家庭的互動模式。

打破幻想：尋找真實英雄之路的心理探索

在人生的舞臺上，我們每個人都扮演著不同的角色。有些人沉浸在自己編織的夢境中，將現實世界視為敵對的戰場。這樣的人往往會陷入一種自欺欺人的狀態，難以察覺自己行為的不當之處。

讓我們回到那個自稱「壞孩子」的男孩身上。他的言行舉止都在訴說著一個渴望成為英雄的靈魂。然而，他所理解的英雄形象卻是扭曲的。在他的認知中，欺負弱小就是展現力量的方式。這種錯誤的觀念需要被糾正，而這正是治療的關鍵所在。

治療師們採用了一種巧妙的方法來打破他的幻想。他們指出真正的英雄不會去欺負小女孩，這種行為只會讓他成為一個「差勁的英雄」。這種方法就像是往他鍾愛的「湯」裡吐了一口唾沫，讓他開始質疑自己的行為。

然而，僅僅打破幻想是不夠的。我們還需要為他指明一條新的道路，鼓勵他透過對社會有益的方式來獲得認同感。這需要極大的勇氣，因為改變固有的生活方式總是充滿挑戰。

接著，我們來看看那位 24 歲的單身女子的案例。她的故事揭示了一個重要的心理學原則：當一個人無法維持友誼時，往往是因為他們過於專注於控制他人和彰顯自己的優越感。

這位女子的童年經歷和家庭環境對她的性格形成產生了深遠的影響。作為家中最小的孩子，她備受寵愛，卻又渴望成為男孩。這種矛盾的心理狀態導致她在成年後仍然在尋找一種方式來控制他人，同時又害怕被他人控制。

她的夢境進一步反映了她的內心世界。獨自一人的夢境暴露了她對被他人控制的恐懼，而丟錢包的夢則象徵著她對失去控制力的擔憂。這些夢境不斷強化著她的生活方式，形成了一個難以打破的循環。

人生就像一場永無止境的探索，我們每個人都在尋找屬於自己的角色和定位。無論是那個渴望成為英雄的男孩，還是努力掌控一切的女子，他們都在用自己的方式與世界抗爭。作為治療師，我們的任務就是幫助他們看清自己的處境，並找到一條通往更健康、更和諧生活的道路。

夢境與現實：
一個女孩的內心世界

在人生的旅途中，我們每個人都會遇到各種挑戰和困惑。有時，這些困惑會以夢境的形式呈現，為我們揭示內心深處的渴望和恐懼。讓我們來看看另一個女孩的故事，她的夢境和記憶同樣反映了她對生活的態度和期望。

這個女孩最初的記憶是關於她的弟弟。她回憶道：「我的弟弟還是一個嬰兒，正蹣跚學步，他扶著一把椅子想站起來，但椅子倒了，砸在他身上。」這段記憶揭示了她對世界危險的敏感認知。不幸的是，在她 13 歲時，她的弟弟在一次事故中喪生，這進一步加深了她對危險的感知。

她經常做的一個夢也反映了這種對危險的關注。她描述道：「我像平常一樣走在街上，街上有一個洞，我卻沒看見。走著走著，我就掉了進去。洞裡都是水，我一觸到水就驚醒了，心跳得很厲害。」這個夢境似乎在警告她：「小心點。有很多你不知道的危險。」

然而，這個夢的含義不僅僅是提醒她要警惕危險。它還暗示了她對自己地位的看法。如果一個人沒有站在高處，就不會有跌落的危險。這個夢表明她認為自己處於一個較高的位置，但同時也擔心自己可能會失足跌落。

這種心態與之前我們討論的那個女孩有些相似。她們都想要在某種程度上超越他人，但同時又害怕失敗或跌落。這種矛盾的心理反映了她們內心的不安全感和對成功的渴望。

對於這個女孩，我們需要幫助她建立自信，同時也要讓她認識到生活中並非處處都是危險。我們可以鼓勵她探索世界，但要教她如何安全地做到這一點。同時，我們也要幫助她理解，人生的價值不在於永遠站在最高處，而在於如何在面對挑戰時保持勇氣和樂觀。

透過理解她的夢境和記憶，我們可以更好地幫助她處理內心的恐懼，建立健康的自我認知，並在生活中找到平衡。畢竟，生活就像是一場冒險，我們需要勇氣去面對未知，但也要學會在適當的時候保護自己。

母親與孩子的生命之舞：早期互動中的信任與成長

在生命的初始階段，母親扮演著無可替代的角色。她不僅是孩子的第一個依靠，更是孩子通往社會的橋梁。這種親密關係的建立，如同一場精妙的舞蹈，需要母親的智慧與技巧，也需要孩子的回應與配合。

從出生的那一刻起，嬰兒就在本能地尋求與母親建立聯繫。這種聯繫不僅關乎生存，更是孩子發展社交能力的起點。母親的每一個舉動、每一聲呢喃，都在潛移默化地影響著孩子的成長。她的撫摸可能激發孩子的安全感，她的微笑可能培養孩子的樂觀精神，而她的耐心則可能培養孩子的堅韌品格。

然而，這種影響並非單向的。母親的技巧並非與生俱來，而是在與孩子的互動中逐漸磨練而成。她需要學會理解孩子的需求，適時地給予回應。這種能力不是可以透過固定的規則來傳授的，而是需要母親用心去感受，用愛去理解。

每一個日常瑣事，無論是給孩子洗澡、餵奶，還是哄孩子入睡，都是母親與孩子建立聯繫的機會。如果母親能夠熟練地完成這些任務，孩子就會感到舒適和安全，願意與母親合作。反之，如果母親顯得笨拙或冷漠，孩子可能會感到不安，甚至產生抗拒心理。

母親的角色不僅限於照顧孩子的基本需求，她還需要為孩子營造一個良好的成長環境。這包括保持房間的溫度適宜、確保空氣新鮮、注意孩子的營養和睡眠等。這些看似微不足道的細節，實際上都在潛移默化地影響著孩子的身心發展。

整體而言，母親與孩子之間的這種早期互動，就像是一場精心編排的舞蹈。母親需要用心聆聽孩子的需求，靈活地調整自己的步伐，而孩子則在這個過程中學會信任、合作和愛。這種互動不僅奠定了孩子未來人際關係的基礎，也塑造了孩子的性格特徵。因此，我們可以說，母親是孩子生命中的第一位也是最重要的舞伴，引領孩子踏出人生的第一步。

母親角色的社會價值與對兒童發展的影響

作為母親，我們需要認識到自己角色的重要性和社會價值。母親的職責不僅僅是照顧孩子的日常生活，更是塑造下一代品格和人生觀的關鍵力量。然而，我們必須承認，在當今社會中，母親的角色往往被低估和忽視。

這種對母親角色的輕視，源於一種根深蒂固的性別不平等觀念。許多人仍然認為，照顧家庭和孩子是女性的「天職」，是她們應該承擔的責任，而非一項需要專業技能和奉獻精神的工作。這種觀念不僅貶低了母親的價值，也阻礙了女性在其他領域的發展。

事實上，成為一個稱職的母親需要大量的學習和準備。從小女孩時期開始，我們就應該培養她們對照顧他人的興趣和能力，讓她們認識到母親這個角色的創造性和意義。我們需要改變社會對家務勞動的看法，將其視為一門藝術和對家庭的重要貢獻，而非低階的「女人的工作」。

當一個女性對自己的角色感到不滿或受到壓抑時，這種負面情緒不可避免地會影響到她與孩子的關係。她可能會將孩子視為阻礙她實現其他目標的負擔，而不是以愛心和耐心來培養孩子。這種情況下，孩子很可能無法得到健康成長所需的關愛和支持。

然而，我們不應將所有問題都歸咎於母親個人。社會環境、經濟條件、婚姻狀況等諸多因素都會影響一個女性履行母親職責的能力。我們需要建立一個支持母親的社會環境，為她們提供必要的資源和幫助，使她們能夠更好地承擔這一重要角色。

最後，我們要記住，每個孩子都是獨特的個體，他們對環境的反應和理解各不相同。即使面臨相似的家庭環境，不同的孩子可能會得出不同的結論，形成不同的人生態度。因此，我們不能簡單地將問題兒童的行為歸因於母親的失職，而應該更全面地考慮孩子的個性發展和環境互動。

母愛的藝術：在親密與獨立間尋找平衡的智慧

母愛是一種強大而神奇的力量，它不僅塑造了孩子的人格，也影響著母親自身的成長。然而，過度的母愛反而可能成為孩子健康發展的阻礙。作為母親，我們需要在親密關係與獨立性之間尋求平衡，既要滿足孩子的依戀需求，又要培養他們與他人建立聯繫的能力。

母性本能是人類最原始而強大的驅動力之一。透過孩子，母親感受到生命的延續，彷彿自己成為了創造者。這種強烈的情感連結讓許多母親將孩子視為自我的延伸，甚至試圖透過孩子實現自己未竟的夢想。然而，這種過度緊密的關係可能會窒礙孩子的成長。

我們曾遇到一位 70 歲的農婦，她 50 歲的兒子仍與她同住。當兒子因肺炎去世時，她竟說：「我就知道我沒法把這孩子平平安安養大。」這種極端的案例警示我們，母親若無法引導孩子獨立並與社會建立聯繫，將會造成嚴重的後果。

事實上，母親的角色不僅僅是與孩子建立親密關係，更重要的是要幫助孩子擴展他們的社交圈。這包括促進孩子與父親的關係，以及鼓勵他們與其他家庭成員、朋友和社群建立聯繫。母親需要在成為孩子最信任的人的同時，也要教導他們信任和友善地對待他人。

然而，這個過程並非易事。當母親過分專注於與孩子的關係時，可能會忽視其他重要的人際關係，如與配偶的關係。這不僅可能導致家庭關係的失衡，還會給孩子樹立一個不健康的榜樣。孩子可能會產生排他性的依戀，對任何分散母親注意力的人產生敵意。

因此，母愛的藝術在於平衡。我們既要滿足孩子的情感需求，又要培養他們的獨立性和社會性。這需要母親具備敏銳的洞察力和靈活的應對能力，在親密和放手之間找到恰當的平衡點。只有這樣，我們才能真正幫助孩子成長為獨立、自信且富有同理心的個體，為他們未來的人際關係和社會適應奠定堅實的基礎。

父母關係對兒童心理發展的影響

在探討兒童心理發展時，父母的角色和相互關係無疑是最關鍵的因素之一。一個健康和諧的家庭環境，對兒童的成長至關重要。然而，現實生活中往往存在各種複雜的家庭關係，這些都可能對兒童產生深遠的影響。

首先，母親在兒童早期發展中扮演著不可替代的角色。她是兒童最初的依戀對象，為兒童提供安全感和情感支持。但過度依戀也可能導致問題，例如一些案例中，男孩只與母親有聯繫，把她當作解決一切問題的中心。這種態度會阻礙孩子與他人建立健康關係的能力。

其次，父親的角色同樣重要。雖然父親與孩子的關係可能不如母親那樣親密，但隨著時間推移，父親的影響會逐漸顯現。父親的存在有助於擴展兒童的社交圈，促進其社會感的發展。如果母親無法將孩子的注意力引導到父親身上，孩子的社會化過程就可能受到阻礙。

此外，父母之間的關係品質也直接影響著兒童的心理健康。不和睦的婚姻關係可能導致父母將孩子視為爭奪的對象，各自試圖將孩子束縛在自己身邊。這種情況下，孩子很可能陷入兩難境地，對其心理發展造成負面影響。

對於那些失去親生父母照顧的兒童，如孤兒或棄兒，尋找合適的替代照顧者至關重要。研究顯示，即使是由護士或修女提供的單獨照顧，或被收養進入新家庭，只要養育者選擇得當，都能顯著改善兒童的發展狀況。

總之，父母關係對兒童心理發展的影響是多方面的。一個理想的家庭環境應該是父母和睦相處，共同關愛孩子，既不過分束縛，也不忽視照顧。只有這樣，才能為兒童的健康成長提供最佳的支持和保障。

和諧婚姻的力量：父母關係對孩子成長的深遠影響

在家庭生活中，父母的關係對孩子的成長有著深遠的影響。和諧的婚姻不僅能為孩子提供一個安全、穩定的成長環境，還能為他們未來的人際關係和婚姻觀念奠定良好的基礎。反之，不和諧的婚姻則可能對孩子的心理健康和社交能力造成負面影響。

首先，父母間的合作與互相尊重是孩子學習人際交往的重要榜樣。當父母能夠和睦相處、互相支持時，孩子就能在這種氛圍中學習如何與他人和諧相處。相反，如果父母之間經常發生衝突或競爭，孩子可能會產生錯誤的人際交往觀念，甚至可能學會利用父母之間的矛盾來達到自己的目的。

其次，父母的婚姻關係會直接影響孩子對婚姻的看法。如果孩子在一個充滿愛與理解的家庭中成長，他們更有可能對未來的婚姻持積極態度。反之，如果父母的婚姻充滿矛盾和不幸，孩子可能會對婚姻產生恐懼或悲觀情緒，這可能會影響他們未來的感情生活。

再者，家庭中的權力平衡對孩子的性別觀念形成也至關重要。無論是父親還是母親過分強勢，都可能導致孩子對男性或女性角色產生扭曲的認知。理想的情況是，父母應該以平等、互相尊重的方式相處，共同承擔家庭責任，為孩子樹立正面的榜樣。

最後，父親在家庭中的角色不應僅限於經濟供給者。一個好父親應該積極參與家庭生活，與妻子平等合作，共同照顧和教育孩子。他需要明白，家庭收入是共同的財產，而不是用來控制家庭的工具。

總之，和諧的婚姻關係是孩子健康成長的重要基石。父母應該努力營造一個充滿愛、理解和合作的家庭環境，為孩子的未來鋪平道路。

成為良好父親的藝術：平等、尊重與合作

在建立和諧家庭關係的過程中，父親扮演著舉足輕重的角色。作為一名父親，我們必須意識到社會文化中存在的性別不

平等現象，並努力在家庭中創造一個平等、尊重的氛圍。

首先，父親應該認識到婚姻是一種平等的合作關係。不論妻子是否在經濟上對家庭有貢獻，都應該被視為家庭中同等重要的一員。父親不應該因為自己是主要經濟來源就認為有權控制或歧視妻子。相反，夫妻之間應該建立互相尊重、共同決策的模式。

其次，父親在孩子的教育中扮演著關鍵角色。我們應該摒棄傳統的懲罰式教育方法，特別是體罰。這種做法不僅會傷害孩子的身心，還會破壞父子關係，讓孩子對父親產生恐懼而非親近。父親應該成為孩子的朋友和榜樣，用愛心和耐心來引導孩子成長。

同時，父母應該在教育孩子方面保持一致。避免將懲罰的任務單獨交給父親，這樣做會讓孩子誤以為父親是家庭中唯一的權威，而母親是無能的。相反，父母應該共同承擔教育責任，用積極、友善的方式來引導孩子。

此外，父親應該努力平衡家庭生活和社交生活。與朋友保持良好關係可以幫助父親融入更廣闊的社會網路，也能為孩子樹立良好的榜樣。然而，夫妻之間應該盡量保持共同的社交圈，避免因朋友圈的分離而產生隔閡。

最後，對於與原生家庭的關係，父親需要找到適當的平衡。雖然應該保持獨立，但也不意味著要與父母完全疏離。如果父母過度干涉新家庭的生活，父親應該理智地處理，既要尊重父母，又要維護自己家庭的利益。

總之，成為一個好父親需要智慧和努力。透過營造平等、尊重的家庭氛圍，以身作則地教育孩子，合理處理各種人際關係，父親可以為家庭帶來更多幸福和和諧。

共同努力：現代家庭中的和諧與幸福之道

在現代社會中，家庭生活的和諧與幸福需要夫妻雙方共同努力。雖然傳統觀念中經濟責任主要落在男性身上，但實際上家庭的穩定需要夫妻間的相互支持與配合。

作為一家之主，父親確實需要在工作中發揮所長，尋找一份對社會有益的職業。然而，工作的意義不僅僅在於養家餬口，更在於為孩子們樹立榜樣，教導他們如何面對職場的挑戰。一個好父親應該以身作則，展示如何在工作中與他人合作，贏得尊重。

同時，一個和諧的家庭還需要夫妻間真摯的感情。丈夫對妻子的愛不僅展現在言語上，更應該在行動中彰顯。將妻子的利益視為己任，樂於讓她開心，這些都是愛的具體表現。不過，過於公開地展示感情可能會影響孩子的感受，因此夫妻間需要把握分寸。

在性教育方面，父母應該根據孩子的年齡和接受能力，適時適度地解答他們的疑問。既不應諱莫如深，也不宜過早灌輸超出孩子理解範圍的知識。最重要的是保持開放和信任的溝通氛圍，讓孩子感受到父母的支持與理解。

金錢問題往往是家庭矛盾的導火線。為避免不必要的爭執，夫妻應該共同制定合理的家庭預算，在經濟能力範圍內妥善安排開支。特別是對沒有經濟來源的妻子，丈夫更應體諒她們對金錢的敏感，避免使用「浪費」等字眼。只有雙方達成共識，家庭生活才能真正和諧美滿。

平等與合作：家庭教育的基石

在教育子女的過程中，父母常常會陷入一些失誤。有些人認為，只要提供充足的物質條件，就能為孩子鋪平未來的道路。然而，事實遠非如此簡單。我曾讀過一本美國人寫的小冊子，其中講述了一個富人試圖透過金錢來保護後代的故事。這個故事深刻地揭示了一個事實：我們對子孫的影響，實際上是對整個人類社會的影響。

在家庭教育中，最重要的不是建立權威，而是營造真正的合作氛圍。父母應該在教育理念上達成一致，共同努力。這種合作不僅僅是父母之間的，還應該延伸到孩子與父母之間。我們必須認識到，每個孩子都是獨特的個體，都應該得到平等的對待和關愛。

偏愛是家庭教育中最大的隱患之一。幾乎所有兒童時期的沮喪情緒，都源於認為別人受到了偏愛。即使這種感覺有時毫無根據，但只要存在不平等對待的可能性，就會給孩子的心理造成負面影響。在重男輕女的家庭中，女孩很容易產生自卑情結。同樣，當家中有表現特別優秀的孩子時，其他孩子也可能因為感受到父母的偏愛而產生嫉妒和自我懷疑。

作為父母，我們應該具備足夠的經驗和技巧，避免表現出對任何一個孩子的偏愛。這不僅僅是口頭上的承諾，更需要我們時刻觀察孩子的情緒變化，確保每個孩子都感受到同等的愛和重視。只有這樣，我們才能真正培養孩子的合作能力，幫助他們建立健康的自我認知和人際關係。

受寵孩子的心理策略：夢境中的注意力需求與成長影響

在兒童心理學的領域中，我們常常會遇到一個有趣的現象：受寵孩子對於吸引他人注意力的技巧似乎與生俱來。這種能力不僅展現在他們的日常行為中，甚至延伸到了夢境之中。讓我們深入探討這個現象，看看它如何影響孩子的成長和家庭關係。

首先，我們需要理解，受寵孩子的行為往往源於一個核心目標：維持與照顧者（通常是母親）的親密關係。這種渴望可能表現為對黑暗的恐懼，但實際上，黑暗本身並不是問題所在。孩子真正害怕的是獨處，是與母親分離。因此，他們會巧妙地利用這種「恐懼」來達到自己的目的。

在個體心理學中，我們不再執著於尋找恐懼的根源，而是更關注它的目的。這種轉變使我們能夠更容易理解孩子的行為模式。受寵孩子的恐懼症實際上是一種吸引注意力的策略，他們將這種情緒融入自己的生活方式中，用來實現與母親在一起的願望。

有趣的是，這種行為模式不僅限於清醒時刻，還延伸到了夢境中。受寵孩子經常做噩夢並在睡夢中哭泣，這並非巧合。事實上，夢境和現實並非對立，而是同一事物的不同表現。孩子在夢中的行為與白天大同小異，都是為了達到同一個目標：獲得注意和關愛。

透過反覆的訓練和經驗，這些孩子逐漸掌握了實現目標的最佳途徑。即使在睡夢中，與他們目標一致的思想、影像和記憶也會湧入腦海。他們發現，由噩夢引發的情緒反應可以有效地將母親留在身邊，這種策略經過實踐證明是可行的，並最終形成了一種根深蒂固的習慣。

值得注意的是，這種行為模式可能會對孩子的長期發展產生影響。即使在成年後，曾經受到溺愛的人仍可能會做焦慮的夢，這是童年時期形成的習慣在潛意識中的延續。

兄弟姐妹間的互動與家庭動力

在家庭這個小小的社會單位中，兄弟姐妹之間的互動往往反映出更廣泛的社會關係。每個孩子都在尋找自己的位置，試圖獲得父母的關注和愛。這種競爭可能導致不同的行為模式和性格特徵的形成。

就像一個花園裡的植物一樣，家庭中的每個孩子都在爭取有限的資源 —— 父母的時間、注意力和愛。有些孩子可能會透過生病或製造麻煩來獲得關注，而另一些則可能會努力成為「乖孩子」。這些策略都是為了在家庭結構中找到自己的位置。

讓我們以一個家庭為例。大女兒可能是一個成績優異的學生，總是得到父母的讚美。作為回應，小兒子可能會採取相反的策略，成為一個調皮搗蛋的孩子，以此來獲得關注。雖然這種關注可能是負面的，但對於渴望被注意的孩子來說，任何形式的關注都比被忽視要好。

這種動態關係不僅影響孩子們的行為，還會塑造他們的性格和世界觀。優秀的大姐可能會發展出一種責任感和完美主義傾向，而調皮的弟弟則可能會形成一種反叛的態度。

然而，這種家庭動力並非一成不變。正如我們在那個生病後變好的男孩的例子中所看到的，環境的改變可以導致行為和態度的顯著轉變。當孩子們感受到平等和被愛時，他們更有可能發展出健康的社會感和自尊心。

作為父母，理解這種複雜的家庭動力至關重要。我們應該努力為每個孩子創造一個平等的環境，讓他們都能感受到被愛和被重視。只有這樣，我們才能培養出真正健康、快樂的下一代。

家庭中的獨特性與平等：創造和諧氛圍以促進每個孩子的成長

在探討家庭動力學時，我們不得不承認每個家庭成員都扮演著獨特而重要的角色。然而，這種獨特性也可能帶來挑戰和困難。我們已經討論過父母不應在家庭中占據主導地位的重要性，現在讓我們更深入地探討這個問題。

想像一下，一個家庭中有一位非常成功的父親。他的成就無疑值得稱讚，但這種成功可能會對孩子們產生意想不到的影響。孩子們可能會感到巨大的壓力，認為自己永遠無法達到父親的水準。這種壓力可能導致他們失去對生活的熱情，甚至放棄追求自己的夢想。這就解釋了為什麼許多名人的子女往往無法達到社會和父母的期望。

同樣，如果家中有一個特別出色的孩子，情況也可能變得複雜。這個孩子可能會得到更多的關注和讚美，這對他來說當然是好事。但是，其他兄弟姐妹可能會因此感到被忽視和不被重視。這種不平等的對待可能會在兄弟姐妹之間播下怨恨的種子，影響他們的自尊心和未來發展。

因此，父母需要謹慎行事，努力在家庭中創造一個平等和諧的氛圍。他們應該避免過分強調自己或某個孩子的成功，而是要鼓勵每個孩子發展自己的興趣和才能。重要的是要認識到，每個孩子都是獨一無二的個體，都有自己的優勢和挑戰。

個體心理學為我們提供了一個有趣的視角來研究兒童的出生順序如何影響他們的發展。即使在一個和睦的家庭中，每個孩子的家庭地位和成長環境也會有顯著差異。首生子、中間子女和幼子各自面臨著不同的挑戰和機遇。

最終，我們必須記住，每個孩子都在努力適應自己的環境，形成自己獨特的生活方式。作為父母和教育者，我們的責任是創造一個支持性的環境，讓每個孩子都能充分發揮自己的潛力，而不是活在他人的陰影之下。

長子的孤獨之戰：家庭結構變化中的心理調適

在一個家庭中，長子的角色總是特別的。他們是父母初為人父母時的珍寶，是家中的獨一無二。然而，隨著第二個孩子的到來，這個曾經備受關注的小王子或小公主，突然間被迫面對一個全新的世界。這個世界裡，他們不再是唯一，而是需要學會與人分享。

對於長子來說，弟弟妹妹的降生往往是一場突如其來的

「政變」。他們曾經享有的獨特地位被動搖，父母的注意力被分散，原本專屬於他們的愛似乎被稀釋了。這種失落感可能會在他們心中埋下不安的種子，如果得不到適當的處理，可能會影響他們日後的性格發展，甚至導致一些行為問題。

然而，我們不能簡單地責怪長子對新生兒的到來感到不滿。這種情緒是人之常情，是他們面對巨大變化時的自然反應。關鍵在於，父母如何幫助長子度過這個艱難的適應期。如果能夠提前為長子做好心理準備，讓他們感受到自己的地位並未動搖，同時教導他們如何與弟弟妹妹相處，那麼這個過渡期可能會順利得多。

不幸的是，許多長子並沒有得到這樣的準備。他們突然發現，自己不得不與一個「入侵者」爭奪父母的注意力。於是，一場無聲的戰爭就此展開。長子可能會採取各種方法來重新獲得父母的關注，有時甚至會做出一些令人不快的行為。這些行為背後，其實是一個孩子對愛的渴望和對失去地位的恐懼。

在這場爭奪戰中，長子可能會感到越來越沮喪。他們的行為可能會變得更加極端，最終反而導致父母更加疲憊和不耐煩。這樣一來，長子真的感受到了被忽視，他們的恐懼似乎得到了證實。這種惡性循環會讓長子越來越固執於自己的行為方式，因為在他們看來，這證明了自己的判斷是正確的。

面對這種情況，父親往往會成為長子尋求慰藉的對象。長子可能會開始更多地依賴父親，試圖透過獲得父親的喜愛來彌補失去母親注意力的損失。這種轉變反映了長子內心深處的掙扎和適應。

整體而言，長子在面對家庭結構變化時，需要更多的理解和支持。父母的智慧和耐心在這個過程中扮演著關鍵角色，他們需要幫助長子建立新的身分認同，學會在家庭中找到新的平衡。只有這樣，長子才能真正接受新的家庭成員，並在這個擴大的愛的圈子中找到自己的位置。

長子與次子：出生順序如何塑造性格與成就

在家庭的結構中，每個孩子的出生順序都會對其性格形成產生深遠的影響。長子和次子的心理特徵尤其引人注目，他們各自面臨著獨特的挑戰和機遇。

長子常常經歷一個從獨占父母注意力到被迫分享的過程。這種轉變可能會引發一系列的心理反應。有些長子可能會變得反叛，試圖透過各種方式重新獲得注意力。如果這種努力失敗，他們可能會變得孤僻、易怒，甚至對未來持悲觀態度。然而，這種經歷也可能培養出一種特殊的責任感和領導能力。許多長子學會了照顧弟妹，發展出強大的組織能力和保護欲。

相比之下，次子的成長環境截然不同。他們從一開始就要學會與兄姐分享父母的關注，這使他們更容易發展出合作的品質。更重要的是，次子總是有一個領頭羊在前方，這成為他們不斷前進的動力。他們的人生彷彿一場永無止境的追趕比賽，總是渴望超越在前方的兄姐。

這種動力可以在《聖經》中的雅各身上看到。作為次子，他不甘心屈居人後，總是竭盡全力想要超越他人。這種特質往往使次子比長子更具才華和成就。然而，這並非源於遺傳，而是因為他們更加努力。

即使在成年後，這種心理模式也可能延續。長子可能會繼續展現出對權威和規則的執著，而次子則可能持續尋找新的目標來超越。

理解這些家庭動力對於教育和養育孩子至關重要。我們需要認識到每個孩子的獨特處境，並採取相應的方法來培養他們的潛力，同時避免可能出現的問題。透過適當的引導，我們可以幫助每個孩子在自己的位置上茁壯成長，發展出平衡的性格和健康的人際關係。

夢境與家庭動力：解讀兄弟姊妹間的潛在競爭

在家庭關係的複雜網路中，兄弟姊妹之間的互動往往反映了深層的心理動態。這種動態不僅表現在日常生活中，甚至潛伏在我們的夢境之中。長子常常夢見自己從高處跌落，這反映了他們對於失去優勢地位的潛在恐懼。相對地，次子的夢境則充滿了追趕的意象，如在賽跑或追逐火車，象徵著他們不斷努力追趕兄姊的心理狀態。

然而，我們必須謹慎看待這些模式，因為它們並非絕對。家庭環境的影響往往超越了單純的出生順序。在某些情況下，第三個孩子可能會表現出長子的特徵，特別是當他與前兩個孩子的年齡差距較大時。同樣，第四或第五個孩子也可能展現出典型的「次子」行為。這種現象的關鍵在於孩子們之間的年齡差距和互動模式。

性別差異在兄弟姊妹關係中也扮演著重要角色。當長子是男孩而次子是女孩時，情況會變得更加複雜。在現代社會中，男孩可能會將輸給妹妹視為一種恥辱。加上女孩在 16 歲前通常在生理和心理發展上領先男孩，這種競爭可能會導致哥哥產生自暴自棄的情緒，甚至採取不當行為來獲得優越感。

為了避免這些潛在的問題，家庭成員之間的平等合作和團結至關重要。我們應該努力創造一個沒有過度競爭的環境，讓每個孩子都能健康成長，而不是陷入無謂的鬥爭中。唯有如此，我們才能防止這些家庭動力帶來的負面影響，確保每個孩子都能在和諧的氛圍中發展自己的潛力。

最小的孩子：家庭中的隱藏王牌與潛力釋放

在家庭的階梯中，最小的孩子占據著一個獨特而有趣的位置。他們是家庭的終點，也是新的起點。沒有人會取代他們的地位，這使得他們成為家中的寶貝，往往最受寵愛。然而，這種獨特的地位並非沒有挑戰。

最小的孩子面臨著來自多方面的刺激和競爭。他們有眾多的榜樣可以學習，也有更多的期望要超越。這種環境往往催生出驚人的潛力，使他們比兄姐們發展得更快、更好。歷史上充滿了最小孩子超越兄姐的例子，從古老的故事到聖經中的記載，勝出的總是最小的孩子。

約瑟的故事是一個典型的例子。作為家中最小的孩子（不計算後來出生的便雅憫），約瑟展現了最小孩子的典型特徵：維護自己的優越感，渴望受到關注和讚賞。他的夢境反映了這種渴望，引起了兄長們的嫉妒和恐懼。然而，正是這種雄心壯志最終使他成為家族的支柱。

最小的孩子常常成為家庭的中心支柱並非偶然。他們擁有獨特的優勢：有父母和兄姐的幫助和支持，同時又沒有後來者分散注意力。這種環境激發了他們的潛力和野心，使他們能夠全力以赴地追求自己的目標。

然而，這種地位也帶來了挑戰。最小的孩子可能面臨過度保護或期望過高的問題。他們需要學會在享受關愛的同時，也要培養獨立性和責任感。

整體而言，最小的孩子就像是家庭中的隱藏王牌。他們擁有無限的潛力，只要得到適當的引導和支持，就能夠在人生舞臺上大放異彩。無論是在家庭中還是在更廣闊的世界裡，最小的孩子都有機會成為真正的領導者和變革者。

家庭結構對兒童成長的影響

家庭結構對兒童的成長和性格形成有著深遠的影響。每個出生順序的孩子都面臨著獨特的挑戰和機遇，這些因素共同塑造了他們的性格特徵和行為模式。

最小的孩子經常是家庭中的焦點，容易受到過度溺愛。這種寵愛可能導致他們缺乏獨立性和自信心，難以在現實生活中實現自己的野心。他們可能會表現出懶惰，這實際上是野心和沮喪的混合體。最小的孩子通常渴望在所有方面都出類拔萃，但同時也可能因為周圍人的優勢而產生深深的自卑感。

獨生子女則面臨著另一種挑戰。他們往往與父親產生競爭感，同時又被母親過度保護。這種家庭動態可能導致「戀母情結」的形成，影響孩子與父親的關係。獨生子女也常常害怕失去作為唯一焦點的地位，這種心理可能會延續到成年後的生活中。

在全是女孩的家庭中長大的獨子也會遇到特殊的困難。他可能會感到與周圍環境格格不入，甚至可能發展出一些女性化的特徵和習慣。這種情況下，積極的社交生活和與其他男孩的交往就顯得尤為重要。

至於兄弟姐妹之間的年齡間隔，大約三年左右被認為是最理想的。這個年齡差距允許年長的孩子有足夠的成熟度來理解和接受新成員的到來，同時也能夠與弟妹建立合作關係。

整體而言，家庭結構對兒童的成長有著深遠的影響。父母應該意識到這些潛在的問題，並採取適當的措施來確保每個孩子都能健康、平衡地成長。無論是獨生子女、最小的孩子，還是生長在特殊家庭環境中的孩子，都需要得到適當的關注和引導，以便他們能夠充分發展自己的潛力，成為獨立、自信的個體。

從家庭到學校：教育演變中的包容與合作精神

教育的歷程如同一條蜿蜒的河流，不斷地在時代的沖刷中改變其形態。從最初的家庭教育，到如今的現代學校系統，這條河流見證了人類社會的進步與變遷。

在遙遠的過去，教育主要發生在家庭中。父母是孩子的第一任老師，手把手地教導他們生存技能和生活智慧。工匠父親將自己的手藝傳授給兒子，這種代代相傳的知識傳遞方式曾經是社會運作的基石。然而，隨著文明的發展，社會對個人的要求日益複雜，家庭教育已無法滿足這些需求。

學校應運而生，成為家庭教育的延伸和補充。它承擔起了為社會培養更高素質人才的重任。在美國，雖然學校教育沒有經歷歐洲那樣漫長的演變過程，但我們仍能在其中看到權威式教育的痕跡。這提醒我們，教育體系的變革是一個持續的過程。

歐洲教育史為我們展示了一幅教育民主化的圖景。最初，只有王子和貴族子弟才能接受正規教育，他們被視為唯一有價值的社會成員。隨後，宗教機構接管了教育，擴大了受教育群體的範圍。然而，真正的轉捩點是工業革命的到來。技術的發展要求更多的人掌握讀寫和計算能力，公立學校應運而生，為更廣泛的人群開啟了知識的大門。

這種演變過程啟示我們，教育應該是包容的、平等的。我們應該努力培養孩子的合作精神，而不是競爭意識。只有這樣，我們才能消除那些源於童年不安全感的負面影響，創造一個更加和諧的社會。

教育的未來，應該是一個沒有權威壓制、充滿合作精神的美好圖景。在這樣的教育環境中，每個孩子都能找到自己的位置，發揮自己的潛力，成為社會的有用一員。這才是教育的真正意義所在。

教育的進化：從順民培養到社會貢獻者的塑造

教育的本質和目標隨著社會的發展而不斷演變。從最初為統治階級培養順民，到如今致力於培養能夠獨立思考、為人類文明做出貢獻的公民，這一轉變展現了人類社會的進步。

早期的學校教育主要服務於政府和上層階級的需求，培養順從的士兵和公務員。然而，隨著自由思想的萌芽和工人階級的崛起，這種教育模式的局限性日益突顯。現代教育理念強調培養學生的獨立思考能力，使他們能夠欣賞並參與人類文明的建設。

然而，實現這一教育理想並非易事。我們需要找到既能教導學生謀生技能，又能培養他們為社會貢獻的思想的教師。這要求教師們意識到自己肩負的重要使命，並接受相應的培訓。

性格教育是當前教育改革的一個重要方向，但仍處於試驗階段。我們需要打破僵化的體制和教條的思維，積極探索有效的教育方法。然而，僅靠學校教育是不夠的，因為許多兒童在進入學校之前已經在家庭生活中遭遇了挫折。

為了更好地幫助學生，我們需要加強教師的責任意識，並促進心理學家和教師之間的密切合作。教師應該了解心理學家的專業知識，以便能夠獨立地繼續幫助學生。建立顧問委員會可能是一個有效的方法。

整體而言，現代教育面臨著巨大的挑戰和機遇。我們需要不斷探索和改進教育方法，以培養出能夠適應並推動社會發展的新一代公民。這需要教育工作者、心理學家和整個社會的共同努力。

從家庭到學校：教育演變中的包容與合作精神

在教育的領域中，我們經常遇到一些看似問題兒童的案例。這些孩子在家中表現良好，但一到學校就變得難以管教。這種現象背後往往隱藏著更深層的原因。事實上，這些孩子可能在家中享有特殊地位，從未面臨真正的挑戰。當他們步入學校這個新環境時，突然失去了特權，這種轉變對他們來說無疑是一種挫折。

我曾遇到一個有趣的案例。有個孩子從入學第一天起，就對老師說的每句話報以嘲笑，對所有功課都毫無興趣。起初，老師認為他可能智力低下。但當我與他交談時，發現問題的根源在於他對新環境的誤解。他說：「學校只是家長和孩子開的一個玩笑，目的是愚弄孩子。」這種觀點源於他在家中經常受到嘲弄，因此認為每個新環境都是對他的戲弄。

作為教育者，我們的責任不僅僅是發現孩子的困難，更要糾正家長的錯誤觀念。我們會發現，有些學生已經為更廣泛的社交生活做好了準備，而另一些則尚未準備好。對於後者，我們需要特別關注。

教師在幫助這些孩子適應新環境方面扮演著關鍵角色。我們應該像母親那樣與孩子建立聯繫，獲得他們的關注。重要的是要記住，嚴厲的批評和懲罰只會適得其反，使孩子更加厭惡學校環境。相反，我們應該努力激發他們的興趣，為他們創造一個友好、支持的學習氛圍。

透過耐心和理解，我們可以幫助這些孩子逐步適應學校生活，培養他們的社交技能，為他們未來的成長和發展奠定堅實的基礎。這不僅是教育的本質，也是我們作為教育者的重要使命。

激發潛能：
理解、接納與合作的教育之道

在教育的世界裡，每個孩子都是獨特的個體，擁有不同的學習方式和興趣點。然而，傳統的教育體系往往忽視了這一點，將所有孩子置於同一個模具中。這種做法不僅無法激發孩子的潛能，還可能讓一些孩子感到挫折和疏離。

我們必須認識到，那些被貼上「問題兒童」標籤的學生，往往並非真的愚笨或難以管教。相反，他們可能在學校環境中感到不被理解和接納。這些孩子在逃避學校或欺騙家長方面往往表現出驚人的創造力，這恰恰說明他們並非缺乏能力，而是將才智用錯了地方。

要改變這種局面，教育者需要採取更加個性化和全面的方法。首先，我們應該了解每個孩子的學習偏好。有些孩子是視覺型學習者，有些是聽覺型，還有些是動覺型。根據孩子的主導感官來設計教學方法，可以大大提高學習效率和興趣。

此外，將學習內容與實際生活關聯起來也至關重要。當孩子們理解了所學知識的實用價值，他們會更加投入和專注。例如，將數學與建築結合，或者在自然散步中教授多個學科的知識，都是很好的方法。

競爭雖然可以激發一些孩子的潛能，但過度強調競爭可能會產生負面影響。我們應該更多地鼓勵合作，讓班級成為一個和諧的整體，每個孩子都是其中平等的一員。透過合作，孩子們不僅能學到知識，還能培養同理心和社交技能。

最後，教育者的態度也極為重要。一個真正關心學生的老師，能夠理解每個孩子的獨特性，並給予適當的指導和支持。當孩子感受到被理解和接納時，他們往往能夠突破自我限制，取得令人驚喜的進步。

總之，教育不應該是一個固定的模式，而應該是一個靈活、包容的過程。透過理解、接納和合作，我們可以幫助每個孩子發現並發揮自己的潛能，為他們的未來鋪平道路。

珍視孩子的潛能：引導自信與合作的教育之路

在教育的道路上，我們常常忽視了孩子們與生俱來的智慧和潛能。我的經驗告訴我，孩子們對於理解和幫助他人的能力往往超乎我們的想像。就像那個 3 歲的男孩，他比母親更了解如何安撫自己的妹妹。這種直觀的理解力是我們應該珍視和培養的。

然而，在引導孩子們進行自治時，我們必須謹慎行事。教師的指導和準備工作至關重要，否則這可能變成一場毫無意義的遊戲，甚至導致孩子們之間的不良競爭和權力鬥爭。我們的目標應該是培養真正的合作精神和責任感，而不是製造新的矛盾。

在評估孩子的能力時，我們常常陷入了測試分數的迷思中。智商測試固然有其價值，但我們不應將其視為孩子潛力的絕對指標。相反，我們應該將其作為了解孩子困難的工具，幫助我們找到合適的教育方法。我的經驗告訴我，只要找到正確的方法，每個孩子都有可能突破自己的限制。

最重要的是，我們不應讓孩子知道自己的測試分數。這可能會給他們帶來不必要的壓力和自我懷疑。教育的最大挑戰不是孩子的實際局限，而是他們對自己局限的認知。我們的責任是幫助孩子建立自信，激發他們的興趣，打破他們為自己設定的心理障礙。

同樣，學校的成績報告也應該謹慎處理。過於嚴厲的評語可能會打擊孩子的自尊心，甚至導致嚴重的後果。作為教育者，我們必須考慮到每個孩子的家庭環境和個人情況，給予適當的鼓勵和支持。

最後，我想強調的是，每個孩子都有無限的潛能。即使是所謂的「劣等生」也有可能成為未來的傑出人才。我們的任務是幫助孩子們相信自己，克服自我懷疑，勇敢地追求自己的夢想。只有這樣，我們才能真正實現教育的價值，培養出充滿自信、富有創造力的下一代。

打破遺傳決定論：教育的真正力量

在教育的領域中，長期以來存在著一種根深蒂固的觀念：孩子的智力和能力主要由遺傳決定。這種觀點不僅限制了孩子的潛力，也為教育者提供了逃避責任的藉口。然而，事實上，這種觀念是一個危險的失誤，極大地阻礙了教育的進步和孩子的全面發展。

首先，我們必須認識到，孩子的學習成績並非固定不變。

雖然大多數學生在不同學期的排名變化不大，但這並不意味著他們的能力是由遺傳決定的。相反，這種現象更多地反映了孩子們對自己能力的錯誤認知和自我設限。事實上，我們常常可以看到一些原本成績落後的學生突然取得驚人進步的例子，這恰恰說明了能力的可塑性。

其次，我們需要區分生理遺傳和心理發展。無可否認，某些生理缺陷確實可能由遺傳造成，但這並不等同於智力和能力的遺傳。關鍵在於孩子如何看待和應對這些生理缺陷。一個生理上的劣勢可能成為激勵孩子更加努力的動力，也可能成為阻礙其發展的藉口，這完全取決於孩子的態度和周圍環境的引導。

此外，「善」與「惡」的概念並非與生俱來，而是通過社會互動和教育發展而來的。孩子出生時擁有向各個方向發展的潛力，正是他們從環境中獲得的印象以及對這些印象的解讀方式，塑造了他們的性格和行為。

最後，我們必須認識到，智力發展的核心在於「興趣」。遺傳並不是阻礙興趣發展的主要因素，真正的障礙是沮喪和對失敗的恐懼。即使大腦結構在某種程度上受遺傳影響，但大腦更像是一個工具，而非思維的源頭。透過持續的興趣和訓練，即使是普通的大腦也能夠產生非凡的能力。

總之，我們必須打破遺傳決定論的迷思，認識到教育的真正力量。每個孩子都擁有無限的潛力，關鍵在於我們如何激發他們的興趣，培養他們的自信，幫助他們克服困難。只有這樣，我們才能真正實現教育的目標，幫助每個孩子充分發揮自己的潛能。

天才的培育：環境、態度與機會如何塑造卓越人才

在探討人類才能的起源時，我們常常陷入一個迷思：認為天才是與生俱來的。然而，事實往往比這種簡單的解釋更為複雜。讓我們深入探討環境、態度和機會如何塑造傑出人才。

家庭環境無疑扮演著關鍵角色。以化學家李比希為例，他父親是藥店老闆，這種環境自然為他接觸化學知識提供了便利。同樣，莫札特的音樂天賦也並非純粹源於遺傳，而是得益於他從小浸潤在音樂氛圍中。這些例子告訴我們，早期接觸和持續的興趣培養比所謂的「天賦」更為重要。

個人經歷往往能夠改變一個人的學習軌跡。就像我在數學學習中的轉捩點一樣，一次意外的成功可能徹底改變一個人對某個學科的態度。這證明了所謂的「特殊天賦」理論是多麼荒謬。每個人都有潛力在不同領域取得成就，關鍵在於找到激發興趣的契機。

教育者的態度同樣至關重要。如果老師輕易給學生貼上「沒有天賦」的標籤，很可能會扼殺學生的潛力。相反，鼓勵和正面引導可以激發學生的潛能，幫助他們突破自我設限。

了解兒童的個性發展對於教育來說是必不可少的。每個孩子都有獨特的行為模式和學習需求。有些孩子需要持續的關注和鼓勵，有些則更依賴於自主學習。辨識這些差異，並相應調整教育方法，可以幫助每個孩子充分發揮潛力。

最後，我們不應忽視挑戰和困難在培養才能中的作用。對於某些孩子來說，看似負面的行為可能是吸引注意力的方式。教育者需要明智地應對這些情況，找到積極引導的方法，而不是簡單地依賴懲罰。

總之，培養卓越才能是一個複雜的過程，涉及環境、態度、機會和個人努力的相互作用。我們應該摒棄天賦決定論，轉而關注如何為每個孩子創造有利的成長環境，激發他們的潛能，幫助他們在人生道路上綻放光彩。

懶惰的智慧：
孩子的防禦機制與成長挑戰

懶惰的孩子常被誤解為缺乏動力或才能，但事實上，他們往往隱藏著一顆雄心勃勃卻又充滿恐懼的心。這種看似矛盾的狀態，實則反映了孩子面對成長挑戰時的內心掙扎。他們渴望成功，卻害怕失敗；想要展現才能，又擔心無法達到期望。

這些孩子對成功的定義常常過於嚴苛。在他們眼中，只有超越所有人才算成功，即便完成了任務，只要有人做得更好，他們就視之為失敗。這種極端的思維模式使他們難以面對現實生活中的競爭與挑戰。

為了保護自己脆弱的自尊心，懶惰成為了他們的防禦機制。透過逃避問題、拖延決定，他們既不用面對真正的挫折，也可以維持「只要我願意，就一定能成功」的美好幻想。這種自我安慰的方式，讓他們在失敗時可以輕描淡寫地歸咎於懶惰，而非能力不足。

諷刺的是，懶惰有時反而成為這些孩子獲得讚美的捷徑。當他們稍微付出一些努力時，周圍的人會給予過度的鼓勵，這無形中強化了他們的行為模式。相比之下，勤奮的孩子反而容易被忽視。

然而，這種生活方式長期來看並不健康。它阻礙了孩子真正面對挑戰、克服困難的機會，也讓他們無法培養獨立自主、樂於合作的品格。作為教育者，我們的責任是幫助這些孩子走出舒適圈，建立健康的自我認知和行為模式。只有這樣，他們才能在未來的人生道路上真正實現自我，找到屬於自己的成功。

因材施教的平衡藝術：激發每個學生潛能的教育策略

在教育的舞臺上，每個孩子都是獨特的個體，即便在人數眾多的班級中，這種獨特性依然閃耀。作為教育工作者，我們的使命不僅是傳授知識，更在於深入了解每個學生的個性，並據此量身定製教學方法。這種因材施教的方式，遠比一刀切的教學模式更能激發學生的潛能。

然而，大班教學也確實存在一些挑戰。有些學生的問題可能被淹沒在人海中，難以被及時發現和解決。這就要求教師必須具備敏銳的觀察力和深厚的洞察力，努力去認識和了解每一位學生。只有這樣，才能在班級中培養出真正的團結互助精神。

我深信，讓學生長期跟隨同一位教師學習，對他們的成長大有裨益。這種持續性的師生關係，能讓教師更好地了解學生的學習軌跡，及時發現並糾正他們在生活和學習中的失誤。相比之下，那些頻繁更換教師的學校，往往難以建立起這種深厚的師生聯繫，也就難以對學生的發展產生持續而深遠的影響。

關於跳級問題，我的看法是需要謹慎對待。盲目的跳級可能會給孩子帶來過大的壓力和不切實際的期望。只有在孩子的年齡或發展程度明顯高於同班同學時，才可能考慮讓他們升入高年級。但即便如此，我們也要權衡利弊。因為一個優秀學生的存在，往往能帶動整個班級的進步。

對於那些特別優秀的學生，我更傾向於鼓勵他們在正常課程之外，發展其他興趣愛好，如繪畫等。這不僅能滿足他們的求知慾，還能激發其他同學的興趣，形成良性競爭，推動整個班級共同進步。這種方法既能照顧到優秀學生的需求，又不會影響班級的整體和諧，可以說是一種教育的平衡藝術。

教育平等：解決留級生困境的新視角

留級問題一直是教育界面臨的一大挑戰。作為教育工作者，我們不能簡單地將留級生貼上「問題兒童」的標籤。事實上，造成學生留級的原因錯綜複雜，需要我們深入分析並採取有效措施。

首先，我們必須認識到，留級並非學生個人的過錯。很多時候，家庭環境、社會因素都可能導致學生學習落後。特別是來自貧困家庭的孩子，他們在入學前的準備往往不足，這使得他們在學習過程中處於不利地位。然而，將這些學生簡單地分到後進班並非明智之舉。相反，我們應該為他們創造與其他學生共同學習的機會，讓他們在交流中得到進步。

其次，教師的態度和教學方法至關重要。一些有經驗的教師會利用課餘時間為落後的學生補課，幫助他們認識到自身問題所在，進而激發他們的學習動力。這種個性化的輔導往往能收到良好效果，使學生在新學期重新找回自信，跟上學習進度。

再者，我們要警惕將學生過早地貼上「聰明」或「遲鈍」的標籤。這種做法不僅忽視了學生的潛力，還可能對他們的心理造成負面影響。特別是對於那些被分到後進班的學生，他們可能因此產生自卑感，甚至形成扭曲的人生態度。

最後，我們應該重視男女同校教育帶來的機遇與挑戰。雖然男女同校有助於增進異性間的了解與合作，但也可能引發一些特殊問題。比如，在青春期，女生的發育往往比男生更快，這可能導致男生產生自卑感。因此，教師需要對這些問題保持敏感，並適時給予引導。

總之，解決留級問題需要我們採取全面而靈活的方法。我們應該為每個學生提供平等的教育機會，關注他們的個體差異，並幫助他們發掘自身潛力。只有這樣，我們才能真正實現教育的公平與效率。

顧問委員會的創舉：心理學與教育實踐的成功融合

顧問委員會的成立是我在個體心理學領域中的一大創舉，這一舉措在維也納及歐洲其他城市中都取得了顯著成效。經過十五年的實踐，我可以自信地說，顧問委員會已成為處理兒童問題、培養負責任公民的最佳工具之一。

顧問委員會的核心理念在於將心理學專業知識與教育實踐相結合。我們邀請訓練有素的心理學家與學校教師共同探討教育過程中遇到的各種問題。這種合作不僅限於個體心理學派，我始終主張與其他心理學派建立聯繫，並比較合作成果。

在實際運作中，心理學家會定期到訪學校。教師會向他們描述學生的情況和問題，如懶惰、愛吵架、逃學、偷竊或學習落後等。心理學家根據自身經驗提出見解，隨後與教師進行深入討論，共同探討問題的潛在原因及應對策略。

顧問委員會的工作不僅涉及教師和學生，還包括家長。心理學家和教師會商討如何與家長有效溝通，如何影響他們，解釋孩子失敗的原因。在與家長的交談中，心理學家會提供建議來幫助孩子。大多數家長都樂於接受這樣的諮詢機會，並準備好合作。即使遇到抗拒的家長，心理學家和教師也可以討論類似案例，並將結論應用到當前情況。

與學生的交流同樣重要。心理學家會與學生進行友好的對話，而不是指責錯誤。他們尋找阻礙孩子健康成長的想法和判斷，或者孩子輕視而其他孩子看重的信念。透過這種方式，我們常常能看到孩子的正確理解和態度的迅速轉變。

這種方法不僅有助於解決具體問題，還能提高整個學校的合作精神。教師們逐漸掌握了心理學技能，能夠更容易理解個性的統一性及其各種表現的一致性。他們開始能夠獨立處理日常工作中出現的問題。

最終，我們的目標是讓教師們接受全面的心理學培訓，使他們能夠自主處理各種教育問題，甚至使專業心理學家的介入變得可有可無。這種方法不僅提高了教育效果，也使教師的工作變得更加有趣和富有成就感。

青春期的挑戰與應對：理解、溝通與成長

青春期是每個人生命中不可或缺的重要階段，它為成長中的孩子帶來了新的環境和考驗。許多人將青春期視為一個充滿危險的時期，認為它會對個體的整體性格產生重大影響。然而，事實並非如此簡單。雖然青春期確實存在諸多挑戰，但這些挑戰並不足以徹底改變一個人的本質。

對於大多數青少年來說，青春期最關鍵的任務就是證明自己已經不再是小孩子了。如果我們能夠成功地引導他們將成長視為一個自然而然的過程，就能極大地減輕這個階段帶來的壓力。但如果青少年認為必須刻意證明自己的成熟，他們就可能會過分強調這一點，導致一些不良行為的出現。

青春期的許多行為都源於青少年渴望展現獨立性、與成人平等相處，以及展示自己具備男子氣概或女性魅力的慾望。這些行為的具體表現則取決於每個孩子對「成長」的理解。例如，如果一個孩子認為「成長」意味著擺脫一切束縛，他可能會反抗所有的規矩和約束。這就解釋了為什麼在這個階段，許多青少年會開始嘗試抽菸、說髒話或夜不歸宿等行為。

有些父母可能會對孩子的突然反叛感到困惑不解，不明白為什麼曾經乖巧聽話的孩子會變得如此不服管教。其實，這種情況並不罕見。表面順從的孩子可能一直對父母有所不滿，只

是在過去缺乏表達的能力和勇氣。當他們進入青春期，獲得了更多的自由和力量，才開始公開表達自己的反抗情緒。

為了幫助青少年順利度過這個充滿挑戰的時期，家長和教育者需要採取更加開放和理解的態度。與其一味指責和壓制，不如透過有效的溝通和引導，幫助青少年理解自己的行為和情緒。同時，也要給予他們適當的空間和信任，讓他們在探索和犯錯中學習成長。只有這樣，我們才能真正幫助青少年度過這個重要的人生階段，為他們未來的發展奠定堅實的基礎。

青春期的挑戰與成長：如何引導孩子走向自信與獨立

青春期是人生中一個重要的轉捩點，它不僅帶來身體的變化，也伴隨著心理和社交方面的巨大挑戰。這個階段通常在 14 到 20 歲之間，但有些孩子可能在 10 或 11 歲就開始進入青春期。在這個時期，孩子們渴望更多的自由和獨立，而家長則可能難以適應這種變化。

青春期的身體變化往往讓孩子們感到困惑和不安。男孩開始長鬍鬚，嗓音變得嘶啞；女孩的身材變得更加豐盈，顯現出女性化的特徵。這些變化可能會讓他們感到尷尬或不自在。同時，身體的快速成長可能導致協調性問題，使一些孩子變得笨拙。在這個階段，鼓勵和支持比批評更為重要，因為負面的評價可能會影響孩子的自信心。

除了身體上的變化，青春期的孩子還面臨著成人世界的挑戰。他們需要開始考慮職業選擇、處理人際關係、面對戀愛和婚姻等問題。這些新的責任和期望可能會讓一些孩子感到不知所措，尤其是那些在童年時期被過度保護的孩子。他們可能會變得害羞、缺乏自信，甚至退縮到自己的世界中。

作為家長和教育者，我們的角色是引導和支持，而不是批評和督促。過多的壓力和批評只會加深孩子的焦慮和自我懷疑。相反，我們應該用鼓勵的方式幫助他們建立自信，學會面對挑戰。重要的是要以客觀、科學的態度看待青春期的問題，而不是依據個人的主觀判斷。

青春期的每個挑戰都是成長的機會。透過適當的引導和支持，我們可以幫助孩子們順利度過這個重要的人生階段，為他們未來的成功奠定基礎。讓我們以耐心和理解來面對青春期的變化，幫助孩子們在這個充滿挑戰的時期找到自己的方向，逐步成長為獨立、自信的成年人。

青春期的迷霧：理解與引導

青春期是人生旅途中一個充滿挑戰和機遇的階段。在這個時期，許多青少年面臨著前所未有的壓力和困惑。我們必須以理解和同理心來看待他們的行為和心理狀態，而不是簡單地批評或指責。

有些青少年可能會表現出極端的行為，如完全退縮、拒絕與人交流，甚至沉溺於幻想世界中。這些行為往往被誤解為精神分裂症的症狀，但實際上可能只是對生活壓力的一種不當應對。我們應該用科學、客觀的態度來分析這些行為的根源，而不是妄加猜測或貼標籤。

青春期的許多問題源於對未來的恐懼和不確定性。當青少年感到無力應對生活中的挑戰時，他們可能會選擇一些看似容易的捷徑，如犯罪或逃避現實。然而，這些方法並不能真正解決問題，反而可能導致更嚴重的後果。

對於那些在童年時期被過度溺愛的孩子來說，青春期的到來可能特別具有挑戰性。他們可能會發現自己不再是注意力的焦點，從而感到被生活欺騙。有些人甚至會表現出想要重返童年的願望，但大多數人還是會嘗試以成人的方式行事，即便這種嘗試可能顯得笨拙或不成熟。

我們必須認識到，青春期的許多問題實際上是對生活挑戰準備不足的結果。無論是走向犯罪還是患上精神疾病，都可能是青少年試圖逃避生活問題的方式。因此，我們的任務不是批評或指責，而是要鼓勵和引導他們，幫助他們建立面對生活挑戰的勇氣和能力。

只有透過理解、耐心和適當的引導，我們才能幫助青少年度過這個充滿變化和挑戰的時期，使他們成長為自信、負責任的成年人。

適度期望與自由成長：理解孩子的獨特性，激發潛能

在人生的旅途中，我們常常會遇到意想不到的轉折。那些被寄予厚望的孩子，原本被認為是未來的明星，卻可能在成長過程中遭遇挫折，表現不如預期。反之，那些被認為平平無奇的孩子，卻可能在某一刻綻放光芒，展現出令人驚喜的才能。這種情況並非罕見，而是人性複雜性的一種展現。

被期望過高的孩子往往承受著巨大的壓力。他們害怕辜負他人的期望，這種恐懼可能導致他們在面對挑戰時退縮。當有人鼓勵和支持時，他們能夠前進；但一旦需要獨立面對困難，他們就可能失去勇氣。這種心理負擔可能成為他們進步的絆腳石。

相比之下，那些原本不被看好的孩子可能因為缺少外界壓力而獲得更大的自由。他們可能突然發現自己的潛力，對未來充滿希望。這種新獲得的自由感可能激發他們的創造力，使他們對生活的各個方面產生更濃厚的興趣。對他們來說，獨立不是威脅，而是機遇。

然而，成長的道路並非總是一帆風順。有些孩子可能過分依賴外界的認可，特別是那些感覺自己曾經被忽視的孩子。他們可能會將全部精力都投入到尋求他人讚賞中，這對男孩來說可能是危險的，而對女孩來說則更為棘手。缺乏自信的女孩可能會將他人的認可視為自我價值的唯一來源，這使她們容易成

為心懷不軌者的目標。

因此，我們需要理解每個孩子的獨特性，給予適度的期望和支持，同時培養他們的獨立性和自信心。只有這樣，我們才能幫助他們在成長的曲折道路上找到屬於自己的方向。

渴望關愛的女孩：一個成長中的掙扎故事

在這個世界上，每個人都渴望被愛和被理解。然而，有些人的成長道路上卻充滿了艱難和曲折。讓我們來看看這個 15 歲女孩的故事，她的經歷或許能讓我們更深入地理解青少年的內心世界。

這個女孩從小就生活在一個特殊的家庭環境中。哥哥的體弱多病和父親的疾病，使得母親的注意力不得不分散。在這樣的情況下，女孩感受到了被忽視的痛苦。她渴望得到關愛，但現實卻總是事與願違。即便如此，她並沒有放棄，而是透過在家庭和學校中的優秀表現來努力獲得認可。

然而，生活並非總是如我們所願。當她進入高中後，面對全新的環境和陌生的老師，她的學習開始出現問題。曾經的優等生突然變得力不從心，這對她的自信心造成了巨大的打擊。在家庭和學校都無法獲得想要的讚賞，她開始尋求其他方式來滿足自己的情感需求。

這個女孩的故事告訴我們，青少年的情感世界是多麼的複雜和脆弱。她離家出走的舉動，以及後來假裝服毒的行為，都反映了她內心深處對關愛的渴望。她希望透過這些極端的方式來引起家人的注意，重新獲得他們的關心。

這個案例提醒我們，作為父母、教育者或者社會中的任何一員，我們都有責任關注身邊年輕人的情感需求。他們可能不善於表達，但內心卻充滿了對愛和理解的渴望。我們需要學會傾聽，給予適當的關懷和指導，幫助他們健康成長。

尋找自我價值：從否定環境中走出的成長之路

在我們的社會中，每個人都渴望被愛、被認可。這種渴望往往源自童年時期的經歷，尤其是來自父母的態度和言行。讓我們來看看這個女孩的故事，她的經歷或許能讓我們對人性有更深刻的理解。

這個女孩從小就生活在一個充滿否定和貶低的環境中。母親對女兒的失望之情溢於言表，這種態度無疑給女孩的心靈烙下了深深的傷痕。當一個孩子反覆聽到「不可愛」、「沒人會喜歡」這樣的話語時，她很容易將這些負面評價內化為自我認知。

在這種情況下，女孩開始尋找各種方式來證明自己的價值。她與智力低下的鄉下男孩發生關係，可能是為了獲得一絲被需要、被重視的感覺。然而，這種關係並不能真正滿足她內心的渴求。隨後，她在多段感情中都未能感受到足夠的尊重，這進一步強化了她的自卑感。

當情感需求得不到滿足時，她轉而用身體的疼痛來引起他人的注意和關心。這種行為模式反映了她內心深處對愛和關注的極度渴望。透過控制家人的行為，她試圖在家庭中獲得一種主導地位，彌補內心的空虛和不安全感。

幫助這樣一個女孩認識到自己的行為模式並非易事。她需要理解，青春期過度強調逃避被輕視的感覺，實際上阻礙了她真正的成長和自我認同。只有當她開始接納自己，理解自己的價值不依賴於他人的認可時，她才能真正走出這個困境。

這個故事提醒我們，每個人的成長過程中都可能遇到挫折和困惑。重要的是要學會自我認知和接納，培養健康的自尊心。只有這樣，我們才能在人生的道路上找到真正的快樂和滿足。

青春期的性別認同與自我探索

在青春期這個充滿變化和挑戰的階段，男孩和女孩都面臨著複雜的心理轉變。他們開始更加關注性關係，常常將其視為成長和獨立的標誌。這種傾向不僅僅是對性本身的好奇，更多的是對自我身分的探索和確認。

特別是對於女孩來說，她們可能會遇到更多的矛盾和困惑。我們的社會仍然存在著某些性別偏見，這使得許多女孩在尋找自己的位置時感到困難。有些女孩可能會表現出我們所說的「對男性的羨慕」，這種心理可能以多種方式表現出來。

有些女孩可能會刻意疏遠男性，表現出對他們的厭惡或迴避。另一些則可能會對男性表現出過度的興趣，但在實際接觸時卻顯得極為尷尬和不自在。更有一些女孩會採取更激進的方式，刻意模仿她們眼中的「男性行為」，如抽菸、喝酒、說粗話等。這些行為往往被她們視為獲得認同和接納的方式。

然而，我們需要理解，這些行為通常並非出於真正的惡意。相反，它們更多地反映了這些年輕人內心的不安全感和對自我認同的困惑。她們可能感到被忽視、不被理解，或者對自己的女性身分感到不確定。

作為成年人，我們的責任是幫助這些年輕人找到更健康、更正面的方式來表達自己，建立自信。我們需要創造一個更加包容和平等的環境，讓每個人都能自在地探索和接納自己的身分，而不必為了得到認可而扭曲自己的本性。

青春期是一個關鍵的自我發現階段。透過適當的引導和支持，我們可以幫助年輕人更容易理解和接納自己，為他們未來的健康發展奠定基礎。

性別認同的挑戰：從童年到青春期的自我探索

在人類成長的過程中，性別認同的形成是一個複雜而微妙的過程。從童年時期開始，我們就能觀察到孩子們如何理解和接受自己的性別角色，以及這種認知如何影響他們的行為和自我評價。

有些女性從小就對自己的性別角色產生厭惡感。這種厭惡並非始於青春期，而是根植於更早的童年經歷。她們可能從小就不喜歡做女性，儘管在幼年時期還無法明確表達這種感受。這種對女性角色的排斥可能源於社會對男性特質的過分推崇，使得一些女性認為自己天生就處於劣勢地位。

然而，這種性別角色認同的困擾並非女性的專利。在我們的文化中，對男子氣概的強調同樣給男孩帶來了壓力和困惑。許多男孩會懷疑自己是否足夠強壯，是否能夠達到社會對男性的期望。這種不確定感可能會持續很長時間，有些孩子甚至會在較大年齡時仍然迷惑於性別是否可以改變。

因此，在孩子很小的時候就明確他們的性別角色變得尤為重要。理想情況下，兩歲前就應該讓孩子清楚地知道自己是男孩還是女孩。這不僅有助於他們建立穩定的性別認同，也能幫助他們更好地適應社會。

對於那些外表象女孩的男孩來說，情況可能更加複雜。他們可能經常被誤認為女孩，甚至聽到「你真應該是個女孩」這樣的評論。這些經歷可能導致他們將自己的外貌視為能力不足的標誌，並對未來的愛情和婚姻產生恐懼。

到了青春期，那些對自己性別角色缺乏自信的男孩可能會表現出模仿女性行為的傾向。他們可能會表現得嬌氣、虛榮、輕佻，就像被寵壞的女孩一樣。這些行為可能是他們應對內心不安全感的一種方式。

性別認同與社會期待：童年時期的影響

從很小的時候開始，孩子們就已經開始形成對自己性別角色的認知和態度。這種認知不僅影響他們的自我認同，還會深刻地影響他們未來的人際關係和社會行為。我們的社會文化對男子氣概的強調，不僅給女孩帶來困擾，也同樣給男孩帶來困惑和壓力。

對於女孩來說，如果她們從小就感受到自己的性別角色不被重視或欣賞，可能會導致她們對自己的女性身分產生厭惡感。這種情況如果得不到及時糾正，可能會在青春期和成年後演變成更嚴重的問題，如同性戀行為或賣淫。特別是那些從小就認為自己不值得被愛的女孩，她們可能會將自己的性別角色僅僅視為一種謀生手段，而不是自我價值的一部分。

對於男孩來說，情況也並不簡單。社會對男子氣概的過分強調會給那些不確定自己是否足夠「男子漢」的男孩帶來巨大壓力。特別是那些外表較為陰柔的男孩，他們可能會因為旁人的誤解或評論而對自己的性別認同產生懷疑。這種不確定感可能會導致他們在青春期出現模仿女性行為的傾向，表現得虛榮、輕佻或反覆無常。

因此，幫助孩子們在早期就明確自己的性別角色變得尤為重要。父母和教育者應該在孩子兩歲之前就開始幫助他們認識並接受自己的性別。同時，我們也需要營造一個更加包容和多元的社會環境，讓每個孩子都能夠自在地表達自己，不受刻板印象的限制。只有這樣，我們才能幫助孩子們健康地成長，形成積極的自我認同，並在未來的人際關係中找到自信和幸福。

兒童性教育的智慧：引導好奇心與保護的平衡之道

在孩子的成長過程中，性教育無疑是一個敏感而複雜的話題。許多父母對此感到困惑和焦慮，不知如何恰當地引導孩子認識自己的身體和性。然而，我們必須明白，性的認知和態度在孩子很小的時候就開始形成了。

從嬰兒期開始，孩子就會對自己的身體產生好奇。這種自然的探索行為是完全正常的，父母不必過分憂慮。我們應該以平和的態度看待孩子對自己身體的興趣，同時引導他們將注意力轉移到周圍豐富多彩的世界中去。

然而，如果孩子持續表現出過度的自我滿足行為，那麼我們就要警惕了。這可能不是單純的性衝動，而是孩子為了獲得注意力而採取的策略。孩子往往能敏銳地察覺到父母的擔憂和恐懼，並利用這些情緒來達到自己的目的。在這種情況下，最好的應對方式是不要過分關注這種行為，讓孩子失去獲得注意力的動機。

在與孩子的身體接觸方面，父母需要保持謹慎。適度的擁抱和親吻是表達愛意的正常方式，只要不引起孩子不適當的生理反應就沒有問題。同時，我們也應該注意保護孩子免受不當的性刺激，如色情書籍或影片。

許多父母急於向孩子灌輸性知識，生怕孩子長大後對性一無所知。但事實上，這種做法可能適得其反。更明智的方法是等待孩子自己產生好奇心，然後再根據他們的興趣和理解能力逐步進行性教育。如果孩子與父母關係融洽，他們自然會主動提出疑問，而父母則應該以孩子能夠理解的方式耐心解答。

總之，兒童性教育是一門需要智慧和耐心的藝術。我們既要尊重孩子的天性和好奇心，又要適度保護他們免受不當刺激。透過建立開放、誠實的溝通氛圍，我們可以幫助孩子健康、自然地認識性，為他們未來的人際關係和個人成長奠定良好基礎。

青春期的真相：超越迷思，擁抱成長

青春期常被視為人生的一個重大轉捩點，但這種看法可能過於簡化了這個複雜的發展階段。事實上，青春期並非突如其來的劇變，而是生命旅程中自然而然的延續。我們應該摒棄將青春期神祕化或妖魔化的傾向，轉而採取更加理性和務實的態度。

許多人認為青春期是一段特殊的時期，充滿了難以應對的挑戰。然而，這種觀點可能會給青少年帶來不必要的壓力和焦慮。我們需要明白，青春期的真正意義在於個人如何理解和應對這個階段帶來的變化，而不是這些變化本身。

青少年在進入青春期時可能會感到困惑和不安，但這種反應往往不是源於生理變化，而是因為社會對他們的期望發生了變化。他們可能會擔心失去價值，失去合作和貢獻的機會，甚至感到被社會拋棄。這些擔憂才是青春期困難的真正根源。

為了幫助青少年順利度過這個階段，我們應該培養他們的自我認知和社會意識。讓他們理解自己是社會中平等的一員，有責任為社會做出貢獻。同時，教導他們尊重和平等對待異性也至關重要。如果能夠做到這些，青春期就會成為一個充滿機遇的時期，而不是一個令人恐懼的挑戰。

然而，如果青少年缺乏自信或對周圍環境有錯誤認知，他們可能會對青春期帶來的自由感到不知所措。這些青少年在有人指導時可能表現良好，但一旦獲得自由，就會變得猶豫不決，甚至失敗。因此，我們的目標應該是幫助他們建立自信，培養獨立思考和決策的能力，使他們能夠在獲得更多自由時做出正確的選擇。

罪犯與常人的界限：個體心理學視角下的共性與分野

在探索人性的深處時，我們會發現一個令人著迷的現象：罪犯與普通人之間的界限並非如我們想像中那般分明。個體心理學為我們提供了一個獨特的視角，讓我們得以洞察人類行為的本質，包括那些被社會標籤為「罪犯」的人。

事實上，罪犯與我們所謂的「正常人」在很多方面都驚人地相似。我們都在追求安全感，都在努力克服生活中的困難，都在尋求一種優越感。這種永不止息的奮鬥精神，從我們呱呱墜地的那一刻就開始了，直到生命的最後一刻。

然而，將罪犯與普通人區分開來的關鍵在於他們處理問題的方式和努力的方向。罪犯往往缺乏社會興趣，他們的行為顯示出對他人利益的漠不關心。但這並不意味著我們可以簡單地將他們貼上「壞人」的標籤。相反，我們應該認識到，他們的行為是源於對社會生活需求的誤解和對他人利益的忽視。

值得注意的是，我們每個人都不能說自己的責任感和合作精神是完美無缺的。因此，罪犯與普通人之間的區別，更多的是失敗程度的不同，而非本質上的差異。

理解這一點對於我們處理犯罪問題至關重要。我們不應該將罪犯視為與我們完全不同的存在，而應該認識到他們也是在努力適應這個世界，只是選擇了一條錯誤的道路。這種認知不僅有助於我們更容易理解犯罪心理，也為犯罪預防和罪犯改造提供了新的思路。

最終，我們都是人類大家庭中的一員，都在為更好的生活而奮鬥。認識到這一點，或許能幫助我們以更加包容和理解的態度來面對社會中的每一個人，包括那些曾經犯錯的人。

罪犯與常人：相似的奮鬥，不同的方向

在探索人性的過程中，我們發現罪犯與普通人之間的界限並非如想像中那般分明。事實上，我們所有人都在追求同一個目標：克服生活中的困難，實現自我價值。這種追求安全感和自我提升的傾向貫穿於每個人的一生，從童年時期一直持續到生命的盡頭。

然而，正是在這種共同的奮鬥中，我們看到了罪犯與常人之間微妙而關鍵的區別。這種區別並非在於是否努力，而是在於努力的方向。罪犯們同樣渴望成功、力量和優越感，但他們選擇了一條迷失的道路。

造成這種偏差的根本原因在於社會興趣的缺失。罪犯、問題兒童、精神病患者等群體都表現出對他人利益的漠不關心。這種社會興趣的缺乏導致他們在處理生活問題時採取了錯誤的方式。

值得注意的是，這種社會興趣的缺失並非罪犯的專屬特徵。事實上，沒有人可以聲稱自己的責任感和合作精神是完美無缺的。我們每個人都在不同程度上存在這種缺陷，只是罪犯們的情況更為嚴重。

理解這一點對於我們研究犯罪心理學極其重要。它提醒我們，罪犯並非與常人完全不同的另一類人。相反，他們與我們有著相似的動機和慾望。他們的行為，儘管令人不齒，但實際上是為了達到與我們相同的目標：變得更強大、更優秀、更完美。

因此，要真正理解和預防犯罪，我們需要著眼於如何培養社會興趣，幫助人們認識到社會生活的需求，關心他人的利益。只有這樣，我們才能引導那些可能走上歧路的人選擇正確的奮鬥方向，實現真正的自我提升和社會價值。

打破偏見：
重新審視罪犯與犯罪行為的根源

犯罪問題一直是社會中備受關注的話題，但我們對罪犯的認知往往被一些根深蒂固的偏見所影響。這些偏見不僅阻礙了我們對犯罪行為的深入理解，更可能妨礙我們有效地解決這一社會問題。

許多人傾向於將罪犯視為與常人截然不同的群體。有人認為罪犯智力低下，有人則將犯罪行為歸因於遺傳因素，認為某些人天生就有犯罪傾向。還有一種觀點認為，一旦犯罪就會一錯再錯。然而，這些觀點都經不起科學證據的檢驗。

更重要的是，如果我們接受這些偏見，就等同於放棄了解決犯罪問題的希望。我們必須認識到，無論是環境還是遺傳因素，都不能完全決定一個人的行為。來自相同背景的人可能走上截然不同的人生道路，這一事實充分說明了個體選擇的重要性。

事實上，我們常常看到一些令人費解的現象：有些罪犯出身於良好家庭，而一些品行端正的人卻來自問題家庭。更有趣的是，一些長期犯罪的人在某個時間點突然改過自新，成為守法公民。這些現象都證明了人性的複雜性和可塑性。

從心理學角度來看，這種轉變並非不可理解。可能是因為個人處境的改善，社會壓力的減少，或者是犯罪不再能滿足他們的需求。有時，單純的年齡增長也可能導致犯罪行為的減少，因為身體機能的衰退使得某些犯罪活動變得困難。

總之，我們必須擺脫對罪犯的刻板印象，採取更加開放和理性的態度來看待犯罪問題。只有這樣，我們才能真正理解犯罪行為的根源，並找到有效的解決方案。

犯罪行為：個人選擇還是命運安排？

我們常常聽到一些言論，將犯罪行為歸因於先天因素或不可改變的環境影響。有人說罪犯天生智力低下，有人認為他們帶有「犯罪基因」，還有人堅信一旦犯罪就會一錯再錯。這些觀點看似有理有據，實則經不起推敲。更重要的是，如果我們接受這些觀點，就等於放棄了解決犯罪問題的希望。

歷史告訴我們，犯罪行為一直是人類社會的痛點。但現在，我們比以往任何時候都更渴望找到解決方案。我們不能簡單地將罪責推卸給遺傳或環境，然後坐視不管。事實上，無論是遺傳還是環境因素，都不能完全決定一個人的命運。

讓我們看看現實生活中的例子。同一個家庭出身的孩子可能有截然不同的人生軌跡。有些品行端正的人來自問題家庭，而一些罪犯卻出身名門。更有趣的是，一些曾經的罪犯後來洗心革面，成為社會的模範公民。如果犯罪真的是與生俱來或不可避免的結果，這些現象就無法解釋了。

從我們的角度來看，這些變化其實並不神祕。也許是因為生活環境改善了，社會對他們的期望降低了，犯罪不再是生存的必要手段。或許是他們已經透過非法途徑達到了目的，繼續犯罪已無意義。甚至可能僅僅是因為年齡增長，體力不再，犯罪活動變得力不從心。

這些觀察告訴我們，犯罪行為更像是一種選擇，而非命運的安排。理解這一點至關重要，因為它給了我們希望和動力，去尋找預防和改善犯罪問題的有效方法。我們不應該把罪犯看作是無可救藥的「另類」，而應該認識到，每個人都有改變的可能性，只要我們提供適當的環境和機會。

從童年開始的改變：理解個體心理學在罪犯改造中的作用

個體心理學為我們揭示了一個重要的洞見：改造罪犯的關鍵在於理解他們童年時期的心理發展。在 5 歲左右，孩子的個性已經初具雛形，但這並非意味著他們的命運已經注定。相反，我們更應該關注孩子如何理解和應對自身的經歷，因為正是這種理解和應對方式塑造了他們未來的行為模式。

家庭環境在孩子的社會化過程中扮演著至關重要的角色。父母有責任幫助孩子擴展興趣範圍，培養他們對他人和整個社會的關注。然而，許多家庭因各種原因未能做到這一點。比如，不幸福的婚姻可能導致父母過度依賴孩子的情感支持，從而限制了孩子與外界互動的機會。又或者，家庭中的偏愛和排斥可能讓某些孩子感到被忽視，進而產生扭曲的自我認知。

這種被忽視或被剝奪的感覺往往是犯罪行為的萌芽。當一個孩子認為自己不被愛或不被重視時，他可能會透過負面行為來引起注意。隨著這種行為模式的強化，孩子可能會越來越確信世界對他懷有敵意，從而進一步加劇其反社會傾向。

因此，要預防和改造犯罪行為，我們必須從童年時期開始干預。這不僅涉及改善家庭環境，也包括幫助孩子正確理解和處理自己的經歷。我們需要為每個孩子創造機會，讓他們感受到被愛、被重視，並學會與他人合作。只有這樣，我們才能培養出具有健康社會興趣的個體，減少未來犯罪行為的發生。

成長中的陷阱：家庭環境對孩子社會興趣發展的影響

在孩子的成長過程中，家庭環境扮演著至關重要的角色。父母的言行舉止、態度和價值觀，都會對孩子的心理發展產生深遠的影響。特別是在培養孩子的社會興趣方面，家長的言行可能會無意中設定一些障礙，阻礙孩子健康的社會化模式。

讓我們深入探討這個問題。當父母在孩子面前經常抱怨生活的艱難，或是對親戚鄰里充滿批評和偏見時，會給孩子傳遞什麼樣的訊息呢？這些負面的態度很可能會被孩子吸收，進而影響他們對世界的看法和與他人互動的方式。孩子可能會形成一種扭曲的世界觀，認為這個世界充滿敵意和不公平，從而產生防禦性的自我中心態度。

這種自我中心的態度會使孩子對幫助他人缺乏動力，甚至可能導致他們採取不道德的行為來達到自己的目的。他們可能會認為，既然這個世界如此艱難和不友好，那麼為什麼還要在乎他人的感受呢？這種思維模式可能會阻礙他們解決生活中的問題，使他們更傾向於尋找捷徑或採取可能傷害他人的行為。

讓我們透過一個具體的例子來說明這個問題。在一個家庭中，次子成為了所謂的「問題兒童」。這個孩子身體健康，沒有遺傳缺陷，但他的行為卻令人擔憂。造成這種情況的原因可能是多方面的，其中之一就是他與哥哥之間的競爭關係。長子在家中備受寵愛，成績優異，而次子則努力追趕卻總是失敗。這種持續的挫敗感可能導致他產生強烈的控制慾，試圖在其他方面找回自信。

這個例子展示了家庭環境如何影響孩子的行為和心理發展。競爭、比較、過度依賴等因素都可能阻礙孩子社會興趣的健康發展，導致他們採取不適當的行為方式來應對生活中的挑戰。

童年的烙印：家庭環境與犯罪心理的形成

在探討犯罪心理的根源時，我們不得不回溯到個體的童年時期。每個人的成長軌跡都是獨特的，但某些共同的模式往往可以幫助我們理解成年後的行為傾向。讓我們進一步深入探討家庭環境對個體發展的深遠影響。

首先，我們來看看兄弟姐妹之間的競爭如何塑造一個人的性格。在前面提到的案例中，那位急於結婚的年輕人正是這種競爭心理的典型代表。他一直生活在哥哥的陰影下，就像一棵被遮蔽陽光的小樹。這種長期的自卑感導致他在成年後做出了一系列不理智的決定，甚至鋌而走險，觸犯法律。

相似地，那位 12 歲的女孩因為對妹妹的嫉妒而產生偷竊行為，也反映出兄弟姐妹關係對個體行為的深刻影響。幸運的是，透過及時的干預和家庭的配合，她最終走上了正途。這個案例向我們展示了早期干預的重要性，以及家庭支持在矯正不良行為中的關鍵作用。

然而，我們不能忽視其他可能導致犯罪行為的因素。正如我在第一章中提到的，有三類兒童特別容易受到影響：有生理缺陷的兒童、被寵壞的兒童和被忽視的兒童。這些孩子往往因為自身條件或成長環境的特殊性，更容易形成扭曲的價值觀和行為模式。

對於有生理缺陷的兒童，他們可能因為自卑而產生補償心理，有時這種補償會以不健康的方式表現出來。被寵壞的兒童則可能缺乏自制力和責任感，容易做出違法行為。而被忽視的兒童，則可能因為缺乏關愛和指導而走上歧途。

犯罪心理的深層剖析：個體心理學視角下的罪犯行為解讀

在研究罪犯心理時，個體心理學為我們提供了一個獨特而富有洞察力的視角。透過深入分析康拉德和瑪格麗特·斯文其格這兩個案例，我們可以看到，罪犯的行為往往源於其童年經歷和成長環境所塑造的心理結構。

康拉德的案例清晰地展示了家庭環境對一個人道德觀念形成的深遠影響。長期遭受父親的忽視和虐待，康拉德的社會責任感被逐漸侵蝕。法官的言論無意中為他提供了一個合理化自己行為的藉口，進一步削弱了他對父親的責任感。值得注意的是，即使在決定謀殺父親時，康拉德仍然保持著對母親的依戀和尊重，這種選擇性的情感連結反映了他扭曲的道德觀。

康拉德最終犯罪，不僅是因為長期累積的怨恨，更是在一個殘忍短工的慫恿下做出的決定。這突出了外部影響在引導潛在犯罪傾向走向實際犯罪行為中的關鍵作用。康拉德案例警示我們，一個缺乏健康家庭關係和正面社會支持的個體，很容易在負面外力的推動下走上犯罪道路。

相比之下，瑪格麗特·斯文其格的案例則突顯了早期被拋棄經歷對人格形成的深刻影響。作為一個棄兒，她的自卑感轉化為強烈的虛榮心和對他人注意的渴求。這種心理補償機制導致她發展出一種帶有奉承意味的禮貌，可能是為了掩飾內心的不安全感，同時也是獲取他人認可的策略。

迷失與代價：心理因素與犯罪之路的深層探析

在人生的旅途中，我們常常會遇到種種挑戰和困境。然而，有些人卻在這條路上迷失了方向，最終走上了犯罪的不歸路。讓我們深入探討兩個令人深思的案例，以理解是什麼樣的心理因素導致了這些悲劇的發生。

首先，我們來看一位陷入絕望的女性的故事。她多次嘗試用極端的手段來得到她渴望的愛情，包括對其他女性下毒、假裝懷孕，甚至試圖自殺。這些行為背後，是一種被剝奪感和強烈的自我中心傾向。她的自白：「沒有人為我難過，現在讓別人難過了，我為什麼要擔心？」清晰地展現了她扭曲的心理狀態。

這種心態正是個體心理學所指出的：當一個人感到被社會拒絕或忽視時，他們可能會透過傷害他人來尋求一種病態的平衡。然而，這只會讓他們更加孤立，陷入惡性循環。

對於這樣的情況，我常常建議要主動與他人合作，對他人表現出興趣。即使他人可能一開始並不回應，也不應氣餒。畢竟，總要有人邁出第一步，而這第一步的意義遠超出我們的想像。

再來看 N.L. 的案例。作為長子，他承擔了過重的責任，加上身體的缺陷，使他產生了強烈的優越感需求。這種需求最終演變成了對權力的扭曲追求，導致他虐待母親，甚至殺害自己的弟弟。

N.L. 的故事告訴我們，當一個人長期處於不合作、孤立的狀態時，加上現實生活中的挫折（如失業、貧困、疾病），很容易走上犯罪的道路。這再次印證了合作精神的重要性。

寵愛的代價：當愛變成傷害的根源

在我們探討犯罪心理的旅程中，我們遇到了一個引人深思的案例。這個故事讓我們看到，即使出於善意的行為，如果過度或不當，也可能導致意想不到的負面後果。

想像一下，一個孤兒被一位充滿愛心的女士收養。這位養母對孩子的愛可謂是無條件的，她的寵愛程度甚至超過了對自己的親生孩子和丈夫。乍看之下，這似乎是一個溫馨感人的故事開端。然而，正是這種過度的溺愛，反而成了孩子墮落的催化劑。

這個被寵壞的孩子逐漸發展出一種扭曲的世界觀。他認為自己理所當然地應該得到一切，卻又深深懷疑自己透過正當途徑獲得成功的能力。這種矛盾的心理狀態導致他走上了歪路，成為一個不擇手段的騙子和詐欺犯。

養母的鼓勵本意是好的，希望孩子能實現自己的抱負。但這種不加節制的支持，反而助長了孩子的野心和競爭慾，使他變得極度爭強好勝，總想給人留下深刻印象。

最終，這個曾經的孤兒不僅揮霍了養父母的財產，還將他們趕出了家門。他為了滿足自己的慾望，不惜欺騙和撒謊，將勝過他人視為人生的終極目標。

這個案例給我們上了一堂深刻的課：愛需要智慧的引導。過度的溺愛可能會扼殺一個人的潛力，甚至將他推向犯罪的深淵。作為父母或監護人，我們需要在關愛和管教之間找到平衡，培養孩子健康的自尊心和正確的價值觀。

然而，我們也不能將所有的罪犯都簡單地歸類為「壞人」。正如我之前提到的，有些犯罪者可能是精神疾病患者，還有一些可能是智力低下者被他人利用。這些情況需要我們以不同的視角和方法來理解和處理。

剝離虛假的勇氣：罪犯心態背後的自負與懦弱

罪犯的本質往往隱藏在虛假的勇氣背後，而這種表象正是我們需要剝離的。他們自以為是的聰明才智和膽量，不過是掩飾內心深處懦弱的面具罷了。我們必須認清這一點，並且讓他們也意識到這個事實。

罪犯們常常自詡比警察更聰明，認為自己永遠不會被抓到。這種自負的想法滋養了他們的虛榮心，讓他們在每次逃脫法網後更加自信滿滿。然而，事實往往並非如此。如果我們深入調查每個罪犯的犯罪生涯，很可能會發現他們確實有過未被發現的犯罪行為。這種僥倖更加助長了他們的妄自尊大。

罪犯們的行為模式也暴露了他們的懦弱本質。他們喜歡躲在黑暗中，突然襲擊毫無防備的受害者。這種行為絕不是勇敢的表現，而是懦夫模仿英雄的可悲嘗試。他們渴望證明自己的優越感，但這種努力注定是徒勞的，因為它建立在錯誤的人生觀和缺乏常識的基礎之上。

要解決這個問題，我們需要從多個層面入手。首先，我們必須在家庭、學校和監獄中消除罪犯對自身勇氣和聰明的錯誤認知。其次，我們要認識到罪犯可以分為兩種類型：一種是從未經歷過真正合作關係的人，他們對世界充滿敵意；另一種是被過分溺愛的人，他們缺乏責任感和自制力。

無論是哪種類型，這些罪犯都缺乏合作的能力和意願。我們的社會需要更多地關注如何培養合作精神，幫助這些潛在的罪犯重新融入社會，學會與他人和諧相處。只有這樣，我們才能從根本上遏制犯罪行為的滋生，創造一個更加安全、和諧的社會環境。

培養社會好公民：家庭教育的細膩平衡

在培養孩子成為社會的好公民這個議題上，許多家長常常感到困惑和無所適從。事實上，這是一個需要細膩平衡的藝術。過於嚴厲的管教可能適得其反，而過度溺愛則可能導致孩子產生不切實際的自我認知。

理想的家庭教育應該在嚴厲和寬容之間找到平衡點。我們希望孩子能夠認識到自身價值，但同時也要明白，真正的重要性來自於個人的努力和對他人的貢獻。這種平衡能夠培養孩子的上進心，使他們願意為自己的目標努力奮鬥，而不是期待不勞而獲。

然而，現實生活中的家庭教育往往難以做到完美。我們可以透過一些案例來深入理解這個問題。比如，在「熱血約翰」的案例中，我們看到了家庭關係對青少年行為的深遠影響。約翰的經歷揭示了家庭矛盾如何可能導致青少年偏離正軌。

這個案例提醒我們，家庭教育不僅僅是關於規則和紀律，更重要的是要建立良好的家庭關係和溝通。父母需要理解孩子的需求，給予適當的自由和責任，同時也要設立合理的界限。

培養好公民不僅僅是家庭的責任，也需要整個社會的參與。學校、社群和其他社會機構都應該在這個過程中發揮作用，為青少年提供正面的榜樣和機會，幫助他們成長為負責任的社會成員。

整體而言，培養孩子成為好公民是一個複雜而長期的過程，需要家庭和社會各方面的共同努力。透過理解和平衡，我們可以為下一代創造一個更美好的未來。

犯罪之路的迷思：揮霍玩樂與年輕罪犯的價值觀

在探討犯罪心理時，我們常能發現一個有趣的現象：許多年輕罪犯都對喜愛揮霍玩樂的女性特別著迷。這不僅僅是簡單的愛情問題，更反映出他們對生活的態度和價值觀。

讓我們看一下這個案例：一個每週只有 50 美分零用錢的男孩，卻執著於追求一個熱衷玩樂的女孩。從理性角度來看，這顯然不是明智之舉。一個成熟理智的人會意識到這種關係難以維繫，進而尋找更適合的對象。但對於這個男孩來說，享樂似乎成了生活的首要目標。

「即使在小鎮上，現在一週 50 美分也不夠讓女孩玩樂。老頭子不願再給我更多錢，我很生氣，總想著怎麼才能弄到更多錢。」這番話暴露了他急於滿足慾望，卻又不願透過正當勞動來實現目標的心態。常識會告訴我們，想要更多收入就應該努力工作。然而，這個男孩選擇了一條捷徑。

當一個「聰明能幹」的小偷出現在他生活中時，男孩很快就被引誘上了犯罪的道路。「他會和你『有福同享』，而不會陷害你。我們在鎮上幹了好幾票，都僥倖逃脫了。從那以後，我就一直幹這行了。」這段描述揭示了犯罪行為如何逐漸成為他生活的常態。

值得注意的是，這個男孩並非出身於「問題家庭」。他的父親是工廠工頭，家庭條件雖然不富裕，但也能維持基本生活。在他之前，家裡沒有人有過犯罪記錄。這似乎挑戰了某些將犯罪行為歸因於遺傳或家庭環境的理論。

這個案例突顯了個人選擇和價值觀在塑造人生軌跡中的重要性。儘管環境因素確實存在影響，但最終決定走上犯罪道路的，往往是個人對享樂的執著追求，以及不願透過正當途徑實現目標的心態。

虛榮與犯罪：一個迷失青年的內心世界

16 歲的他，就像一個迷失在成人世界迷宮中的孩子，用錯誤的方式尋找著自我價值和認同。他戴著寬簷帽，繫著印花圍巾，腰間別著左輪手槍，自詡為「西部俠客」。這副打扮不僅是一種虛榮心的展現，更是他渴望成為英雄、吸引異性注意力的可笑嘗試。

然而，他的行為卻與英雄形象相去甚遠。入室行竊、無視他人財產權，這些行為反映出他內心深處的混亂和迷失。他說：「我不認為生命有意義。對於普通人，我只有最強烈的鄙視。」這些話語背後，是一個對生活感到沮喪、對自我價值產生懷疑的年輕人。

他的犯罪行為似乎是一種逃避現實的方式。「我從來就不喜歡工作。我討厭工作，永遠也不會工作。」這句話揭示了他對社會規範的抗拒，以及對輕鬆獲得金錢的渴望。他相信只要有足夠的錢，就可以隨心所欲，不必承擔責任。

然而，他的行為並非完全出於理性選擇。「當然有時，會有某種『衝突』，驅使我開車到某個地方，幹了活，然後溜走。」這種衝動性的犯罪行為，暗示著他內心可能存在某些未解決的情感問題或心理困擾。

最令人深思的是，他將自己的犯罪行為歸咎於「壓抑」。「壓抑是我犯罪生涯的罪魁禍首。我被迫壓抑自己的慾望，所以成了罪犯。」這種自我解釋反映出他對自身行為缺乏真正的反省，同時也暴露出他對社會規範和個人責任的扭曲認知。

在他的世界裡，對女朋友揮霍偷來的錢便是一種「勝利」。這種扭曲的價值觀，正是他難以擺脫犯罪生活的根源之一。他的故事，是一個關於迷失、虛榮和錯誤價值觀如何引導一個年輕人走上犯罪道路的警示錄。

監獄教育與人性改造：理解仇恨背後的心靈之旅

人性的複雜性往往在最極端的情況下表現得最為鮮明。監獄中的學校教育不僅僅是為了改過自新，更是一個重新認識自我和社會的機會。然而，當我們面對那些對人類充滿仇恨的囚犯時，改造的道路似乎異常艱難。

以約翰為例，他的言語中充滿了對生命的否定和對人類的憎恨。這種態度的根源很可能追溯到他的童年經歷。作為長子，他可能經歷了從備受寵愛到地位被剝奪的轉變，這種小小的變化卻足以阻礙他與他人合作的能力。

更糟糕的是，感化院的粗暴對待進一步加深了他對社會的仇恨。這提醒我們，在處理問題兒童和罪犯時，挑戰和粗暴對待往往適得其反。他們會將這些視為對自身力量的考驗，甚至是一種激勵，進而更加堅定地走上對抗社會的道路。

因此，我們需要重新思考如何改造這樣的人。關鍵在於提高他們與他人合作的能力，幫助他們重新評估生命的價值。這需要我們追溯到他們童年時期的誤解，理解他們形成如此態度的原因。只有透過理解和同理心，我們才能真正地觸及問題的核心。

在監獄和拘留所中，我們應該避免對犯人提出挑戰或使用粗暴手段。相反，我們應該創造一個環境，讓他們能夠重新認識自己在社會中的角色，培養他們的合作精神。這不僅有利於他們個人的改造，也有助於整個社會的和諧發展。

改造的過程是漫長而艱難的，但只要我們堅持以理解和合作為基礎，就有可能幫助這些迷失的靈魂重新找到生命的價值和意義。

罪惡的自我辯護：深入探討犯罪心理

在探討犯罪心理的過程中，我們不得不面對一個令人不安的事實：每個罪犯在犯下罪行之前，都會進行一番內心的掙扎和自我辯護。這種心理活動揭示了人性的複雜性，也為我們理解犯罪行為提供了獨特的視角。

讓我們以一個被判處絞刑的殺人犯為例。這個案例特別引人注目，因為凶手在犯案前留下了書面的動機說明。這為我們提供了一個難得的機會，得以一窺罪犯的內心世界。

在閱讀過無數類似的自白書後，我發現了一個普遍現象：沒有一個罪犯會簡單直白地描述自己的犯罪過程，也沒有人不試圖為自己開脫。這種現象反映了社會感覺的強大影響力。即使是最冷血的罪犯，也會下意識地尋求社會的認同，試圖讓自己的行為看起來不那麼令人髮指。

然而，要真正付諸行動，罪犯必須先壓制自己的社會感覺，打破社會興趣這道無形的屏障。這個過程往往伴隨著長時間的內心糾結和自我說服。就像杜斯妥也夫斯基小說《罪與罰》中的拉斯科爾尼科夫，他在床上躺了整整兩個月，反覆思考是否要去殺人。他用「我是拿破崙，還是隻小蝨子？」這樣的問題來刺激自己，這種自我膨脹的幻想在罪犯中相當普遍。

事實上，大多數罪犯心裡都清楚，他們選擇的道路毫無益處。他們明白什麼是有益的生活，卻因為缺乏成為有用之人的能力而畏縮不前。生活中的問題需要透過合作來解決，而他們恰恰沒有學會如何合作。

在犯罪之後，罪犯往往會尋求各種藉口來減輕自己的罪責。他們會提到生病、失業等困境，試圖為自己的行為找出正當理由。這種心理防禦機制反映了人性中趨吉避凶的本能，也揭示了罪犯內心深處的脆弱和不安。

極端思維的悲劇：命運抗爭中的人性掙扎

在這個世界上，有些人似乎注定要與命運抗爭，而他們的故事往往充滿了悲劇色彩。這些人的心理狀態往往處於一種極端的兩難境地，他們的思維方式更像是一場殘酷的賭注，要麼全贏，要麼全輸。

我們的主角就是這樣一個人。他的內心世界充滿了矛盾和掙扎，彷彿被命運捉弄一般。「有人預言我會死在絞刑架上」，這句話像是一個詛咒，緊緊纏繞著他。然而，他卻用一種近乎冷酷的邏輯來思考：「餓死和絞死有什麼區別嗎？」這種思維方式暴露了他內心深處的絕望和無助。

在他的世界裡，一切都被簡化為二元對立：要麼得到拯救，要麼走向滅亡；要麼餓死，要麼被絞死。這種極端的思維方式，使他失去了探索其他可能性的能力。他將自己視為英雄，認為自己即將完成一件「殘忍至極」的事情，彷彿這是一種獨特的成就。

然而，在這種扭曲的邏輯背後，我們依然能夠窺見一絲人性的光芒。他渴望被注意，渴望有人為他難過。即使在計劃犯罪的過程中，他也在尋求某種形式的認同和理解。這種矛盾的心理狀態，揭示了人性的複雜性。

這個案例給我們提供了一個深入思考的機會：當一個人陷入極端思維時，他們的行為可能會走向何種可怕的結果？我們應該如何幫助這些處於邊緣的人，讓他們看到生活中更多的可能性和希望？這些問題值得我們每個人深思。

罪惡的起源：探索罪犯心理與社會適應的失敗

在探究罪犯心理的過程中，我們不禁要問：是什麼驅使一個人走上犯罪的道路？從表面上看，這個問題的答案似乎很簡單：貪婪、憤怒、嫉妒等負面情緒。然而，當我們深入剖析罪犯的內心世界時，我們發現事情遠比我們想像的要複雜得多。

讓我們回到那個聲稱因為衣服而犯下謀殺罪的罪犯。他的辯解從最初的飢餓轉變為對精美服裝的渴望，這種轉變本身就很能說明問題。它揭示了罪犯內心深處對社會地位的渴望，對優越感的追求。這種追求並非罪犯所獨有，而是人性的普遍特徵。然而，關鍵的區別在於，罪犯選擇了一條破壞性的路徑來實現這種追求。

罪犯們常常聲稱自己「不知道自己在做什麼」，這種辯解反映了他們內心的掙扎。他們試圖打破社會規範的束縛，卻又無法完全擺脫良知的譴責。這種內心的矛盾和掙扎，正是我們理解罪犯心理的重要線索。

然而，僅僅理解罪犯的心理還不夠。我們還需要認識到，罪犯行為的根源往往在於他們與社會合作的失敗。正常的社會運作需要每個成員都為共同利益做出貢獻，需要相互幫助和合作。但罪犯們往往只追求個人的優越感，而忽視了對他人和社會的正面影響。

這種合作能力的缺失程度因人而異。有些人可能只犯輕微罪行，而另一些人則會犯下嚴重罪行。有些人甘當領導者，有些人則甘當跟班。要全面理解罪犯的行為模式，我們必須仔細研究他們的生活方式，探索他們與社會互動的方式。

罪犯心理的探尋：從普通人到犯罪者的轉折

在探討罪犯心理的過程中，我們不得不面對一個令人不安的現實：每個罪犯都曾是一個普通人，擁有著與我們相似的夢想和渴望。然而，究竟是什麼促使他們走上了犯罪的道路？

讓我們回到那個為了一件精美衣服而犯下謀殺罪的男子。他的辯解反映了許多罪犯的共同特徵：對自己行為的困惑、對責任的推卸，以及對社會規範的牴觸。這種心理狀態並非偶然，而是長期社會化過程失敗的結果。

罪犯們常常表現出一種強烈的優越感需求，但這種需求往往以一種扭曲的方式表現出來。他們追求的是一種個人的、自私的優越感，而非透過對社會有益的方式來獲得認可和尊重。這種自我中心的心態使他們難以與他人合作，也難以理解社會的互利共生關係。

事實上，合作能力的缺失可能是理解罪犯心理的關鍵。在一個需要所有成員共同努力、相互幫助的社會中，罪犯們往往表現出明顯的不適應。他們的目標通常與社會利益相悖，這種矛盾成為他們犯罪生涯中的一個重要特徵。

然而，我們也需要認識到，罪犯之間也存在差異。有些人可能僅限於輕微犯罪，而另一些人則會犯下重大罪行。有些人甘當追隨者，有些人則渴望成為領導者。這些差異反映了他們在社會化過程中失敗的程度和性質的不同。

要真正理解罪犯，我們必須深入研究他們的生活方式，探索他們與社會互動的模式。只有這樣，我們才能揭示導致他們走上犯罪道路的根本原因，並找到幫助他們重新融入社會的方法。

犯罪行為的根源：個體心理學視角

在探討人類行為的複雜性時，我們不得不面對一個令人不安的事實：個人的生活方式在早年就已經形成，而這種模式往往難以改變。這一洞見對於理解犯罪行為的根源尤為重要。我們常常困惑，為何有些人即使面臨嚴厲的懲罰和社會排斥，仍然固執地重複著相同的犯罪行為？答案或許就隱藏在他們童年時期形成的生活模式中。

然而，將犯罪行為單純歸因於經濟因素是一種過於簡單化的解釋。儘管經濟困境確實可能增加犯罪率，但這更像是一個觸發因素，而非根本原因。事實上，許多人在經濟順境時也會犯罪，特別是當他們遇到意料之外的困難時。這揭示了一個更深層的問題：某些人缺乏有效應對生活挑戰的能力。

個體心理學的研究為我們提供了一個重要的洞察：罪犯往往缺乏對他人的興趣和關注。他們的合作能力有限，一旦超出這個限度，就可能轉向犯罪行為。這種行為模式反映了他們應對問題的方式，也暴露了他們在面對生活挑戰時的脆弱性。

更深入地看，我們發現生活中的問題本質上都是社會性的。只有當我們真正關注他人，願意與他人合作時，這些問題才能得到有效解決。這一認識不僅對理解犯罪行為至關重要，也為預防犯罪提供了方向。

因此，要真正理解並預防犯罪，我們需要從個人早期生活經驗和社會關係入手。培養個體的社會興趣，增強其面對挑戰的韌性，以及提升其與他人合作的能力，這些都是減少犯罪行為的關鍵。這不僅是司法系統的任務，更是整個社會的責任。透過關注每個人的成長環境和社會連線，我們才能真正建構一個更安全、更和諧的社會。

罪犯心理中的三大核心問題：友誼、職業與愛情的困境

個體心理學為我們揭示了罪犯心理中的三大核心問題：友誼、職業和愛情。這些問題不僅反映了他們與社會格格不入的處境，更深刻揭示了他們內心世界的孤立與失衡。

在友誼方面，罪犯往往局限於與同類交往。他們形成封閉的小圈子，對內忠誠，對外疏離。這種狹隘的社交模式使他們難以融入更廣闊的社會環境。當他們置身於普通人中時，就如同身處異鄉，無所適從。這種社交障礙不僅限制了他們的人際關係，更阻礙了他們重新融入社會的可能性。

職業問題則突顯了罪犯缺乏合作精神和應對挑戰的能力。他們常常抱怨工作條件惡劣，卻不願意像普通人那樣與困難抗爭。這種態度源於他們從小就缺乏合作意識和對他人的關心。學校教育本應培養這些品質，但對許多罪犯來說，這個機會早已錯過。結果是，他們進入社會時往往缺乏必要的技能和態度，無法適應正常的工作環境。

在愛情問題上，罪犯的心理扭曲更為明顯。他們往往將愛情簡化為征服和占有，把伴侶視為可以買賣的物品。這種扭曲的愛情觀導致他們難以建立真正的親密關係。高比例的性病感染率進一步說明了他們在處理感情問題時傾向於選擇短視和危險的方式。

這三大問題互相關聯，共同構成了罪犯心理的核心困境。它們不僅影響了罪犯的個人生活，也決定了他們與社會的關係。要幫助罪犯重新融入社會，我們必須從這三個方面入手，幫助他們建立健康的人際關係，培養職業技能和工作態度，以及發展成熟的愛情觀。這是一個艱巨的任務，但也是幫助罪犯重建生活、促進社會和諧的必要之舉。

犯罪心理的孤島：解析罪犯的思維世界

在我們的日常生活中，合作是一種不可或缺的社會技能。它展現在我們的觀察、傾聽和表達方式中。然而，罪犯卻似乎生活在一個與常人迥異的思維世界裡。他們的語言和邏輯體系獨樹一幟，這種差異可能會阻礙他們的智力發展和社會適應。

常人在交流時，總是希望能達成共識，這種理解本身就是一種社會行為。我們賦予語言相同的解釋，以確保彼此之間的理解一致。但罪犯卻擁有自己獨特的邏輯和才智，這一點在他們解釋自己犯罪行為時尤為明顯。

值得注意的是，罪犯並非愚笨或智力低下。相反，如果我們接受他們虛構的個人優越目標，他們的行為邏輯在某種程度上也是合理的。例如，一個罪犯可能會說：「我看到別人穿著漂亮的褲子，而我沒有，所以我要殺了他。」如果我們認同他的慾望至高無上，且無需考慮他人利益，這個結論在他的世界觀中是合理的，儘管這與常識相悖。

另一個例子是匈牙利的一起刑事案件，一名婦女毒死了自己的兒子，理由是「他病了，又遊手好閒」。在她看來，這是唯一的解決方案。這種思維方式雖然清晰，但與普通人的價值觀完全不同。

透過這些例子，我們可以理解罪犯的世界觀：他們看到想要的東西，認為可以輕易占為己有；他們認為必須從這個充滿敵意的世界中直接搶奪，因為他們根本不在乎這個世界。他們對自己和他人重要性的認知出現了嚴重偏差，這導致了他們扭曲的人生觀。

理解罪犯的思維模式對於預防犯罪和改造罪犯至關重要。我們需要認識到，罪犯並非生來就與常人不同，而是在成長過程中形成了這種特殊的思維方式。只有深入了解他們的心理世界，我們才能更好地應對犯罪問題，並幫助他們重新融入社會。

合作能力：從家庭影響到孩子成長的關鍵因素

合作能力的培養是一個漫長而複雜的過程，始於兒童的早期家庭生活。作為孩子的第一個社交環境，家庭對塑造其合作精神起著至關重要的作用。然而，這個過程並非總是順利的。

首先，父母自身的合作技能和態度直接影響著孩子。如果父母缺乏合作能力或認為無人可以幫助他們，孩子很難從中學習到正面的合作精神。不和睦的婚姻關係更是會阻礙孩子合作能力的發展。

其次，家庭結構的變化也可能引發問題。當一個新生兒加入家庭時，年長的孩子可能會感到被冷落和受傷，從而拒絕與家人合作。此外，如果家中有一個特別出色的孩子，其他孩子可能會感到沮喪和自卑，進而影響他們與人合作的意願和信心。

這些早期的家庭經歷對孩子的影響可能會延續到學校生活中。缺乏合作精神的孩子往往難以融入學校環境，無法與同學建立友好關係，也不喜歡老師。他們的注意力不集中，學習態度消極，容易受到批評和責備。這種負面體驗進一步打擊了他們的自信心，使他們對學校生活失去興趣。

值得注意的是，許多罪犯在 13 歲左右就已經被分到後段班，經常被批評愚蠢。這種經歷可能會導致他們對他人失去興趣，逐漸發展出反社會行為。因此，我們必須認識到，合作能力的缺失不僅影響個人的學習和社交，還可能對其未來生活產生深遠的負面影響。

要改善這種情況，家長和教育者需要共同努力。他們應該致力於創造一個鼓勵合作的環境，耐心地指導孩子如何與他人相處，並給予適當的鼓勵和支持。只有這樣，我們才能幫助每個孩子充分發展其合作能力，為他們未來的成功和幸福奠定基礎。

早期家庭經歷對合作精神的塑造

在探討人際合作的失敗原因時，我們不得不回溯到個體的早期生活經歷。家庭作為人生的第一個社交場所，對孩子合作精神的培養起著至關重要的作用。然而，諸多因素可能導致這一過程出現偏差。

首先，父母自身的合作能力和教養方式直接影響著孩子。如果父母缺乏合作技巧，或者認為無人可以幫助他們，這種態度很容易傳遞給孩子。不和諧的婚姻關係更是會給孩子樹立不良榜樣。

其次，家庭結構的變化也可能引發問題。例如，當新生兒到來時，原本處於家庭中心的孩子可能會感到被忽視和受傷，進而拒絕與家人合作。又如，如果家中某個孩子特別出眾，其他孩子可能會因挫折感而產生競爭心理，卻又缺乏自信去競爭。

再者，缺乏適當引導的孩子容易對周遭環境產生誤解。如果沒有人耐心解釋清楚，他們可能會對自己在家庭中的角色產生錯誤認知。這種誤解可能會延續到學校生活中，導致他們難以與同學相處，不喜歡老師，注意力不集中。

最後，持續的負面回饋會進一步打擊孩子的自信心。如果孩子在學校總是受到批評而非鼓勵，他們很可能會對學習失去興趣。長此以往，他們可能會逐漸疏離他人，甚至走上反社會的道路。

因此，培養孩子的合作精神需要家庭、學校和社會的共同努力。我們應該認識到早期經歷的重要性，為孩子創造良好的成長環境，教導他們正確理解自己的處境，並鼓勵他們積極與他人合作。只有這樣，我們才能幫助孩子建立健康的人際關係，為他們未來的社會生活打下堅實基礎。

自卑感的根源與影響：從貧困到教育的多層次探討

在探討人類心理發展的過程中，我們不得不面對一個重要的課題：自卑感的形成及其影響。這種心理狀態的根源往往可以追溯到童年時期，而其形成的原因則錯綜複雜，涉及多個層面。

首先，我們必須認識到，貧窮這一社會因素在兒童心理發展中扮演著不可忽視的角色。來自貧困家庭的孩子可能早早就要面對生存的壓力，被迫承擔超出其年齡的責任。這種生活經歷可能導致他們對世界產生扭曲的認知，尤其是當他們目睹富裕階層的生活方式時。這種巨大的反差可能激發他們的嫉妒心理，甚至導致一些不良行為的產生。

然而，我們不應將自卑感的形成簡單地歸結為經濟因素。事實上，生理障礙也可能是導致自卑感的一個重要原因。但是，我必須強調，生理缺陷本身並不必然導致自卑感的產生。關鍵在於我們如何教育這些孩子，如何幫助他們正確認識自己的處境。

正確的教育方法可以幫助有生理缺陷的孩子培養對他人和自身的興趣，而不是將注意力過度集中在自身的缺陷上。反之，如果缺乏適當的引導，這些孩子可能會變得過於自我中心，無法健康地融入社會。

在這個過程中，我們還需要警惕將某些生理因素過度簡單化。比如，雖然內分泌腺功能確實會影響人的身體狀況，但我們不能將其與人格形成簡單地畫等號。每個人的內分泌腺功能都有其獨特性，這種差異並不必然導致人格缺陷。

整體而言，培養兒童成為良好的社會公民，培養他們與他人合作的興趣，這需要我們採取正確的教育方法。我們必須認識到，自卑感的形成是一個複雜的過程，受到多種因素的影響。只有全面理解這些因素，我們才能幫助兒童健康成長，成為對社會有貢獻的個體。

自卑與成長：理解孩子的內心世界

在我們探討人類行為和心理發展的過程中，不得不談及自卑感這個複雜而深刻的話題。自卑感的根源多種多樣，但其中最為顯著的莫過於貧窮和生理障礙所帶來的影響。

讓我們先來看看貧窮如何塑造一個孩子的世界觀。生長在貧困家庭的孩子，往往很早就要面對殘酷的現實。他們可能需要在年幼時就開始工作，為家庭貢獻微薄的收入。這種生活經歷，無疑會在孩子的心理上留下深刻的烙印。當他們看到富裕家庭的孩子可以輕易獲得自己夢寐以求的東西時，內心難免會產生強烈的不平衡感。這種感受如果得不到正確的引導，很容易演變成對社會的不滿，甚至走上犯罪的道路。

然而，我們不應將這種行為簡單地歸咎於嫉妒。相反，我們需要理解，這些孩子可能對生活產生了錯誤的解讀。他們可能會認為，獲得金錢和物質享受就是人生的全部意義。這種認知偏差，正是我們教育需要著重糾正的地方。

除了貧窮，生理障礙也是導致自卑感的重要因素。但我必須強調，生理缺陷本身並不必然導致自卑。關鍵在於我們如何教育這些孩子。如果我們能夠幫助他們培養對他人的興趣，引導他們積極參與社會活動，那麼這些孩子完全有可能克服自身的障礙，成為對社會有貢獻的公民。

在討論生理因素時，我們還需要特別注意內分泌系統的影響。雖然內分泌腺功能的差異可能會影響一個人的體質，但它並不能決定一個人的性格。我們不應過分強調這一因素，尤其是在培養孩子成為良好的社會公民時。

整體而言，我們需要採取更全面、更人性化的方法來理解和幫助這些可能產生自卑感的孩子。我們的目標應該是培養他們對他人和社會的興趣，幫助他們建立健康的自我認知，而不是讓他們陷入自我中心的惡性循環。只有這樣，我們才能真正幫助這些孩子克服自卑，實現健康的心理成長。

破解犯罪根源：童年陰影與社會興趣的重塑之路

在探討罪犯心理時，我們不能忽視童年經歷對人格形成的深遠影響。許多罪犯都有著不堪回首的童年：有的是孤兒，從小缺乏關愛；有的是私生子，感受不到父母的接納；還有一些因外貌醜陋而遭受歧視。這些早期的負面經歷，往往會導致他們對社會產生敵意，缺乏合作精神。

有趣的是，我們也能在罪犯中發現外表俊美之人。這似乎與遺傳論相悖，但其實他們同樣缺乏正確的引導，或許是因為被過分寵愛而不懂得為他人著想。無論外表如何，罪犯的共同點是缺乏社會興趣，追求一種虛假的優越感。

那麼，我們該如何幫助這些迷失的靈魂呢？關鍵在於培養他們的社會興趣和合作精神。僅僅將他們關進監獄是遠遠不夠的，因為他們出獄後很可能會重蹈覆轍。我們需要深入了解他們形成反社會行為的根源，通常可以追溯到四五歲時期。在那個年齡，他們對自己和世界產生了錯誤的認知，並將這些錯誤延續到成年後的犯罪生涯中。

要改變一個罪犯，我們必須找到他最初失敗的原因，以及導致失敗的環境因素。這並非易事，因為罪犯往往固執己見，只願意接受符合自己世界觀的訊息。我們不能簡單地指出他們的錯誤或與之爭論，而是要設身處地地理解他們，找出他們扭曲認知的根源。

只有透過耐心的引導，幫助他們建立對人類幸福的興趣，訓練他們與他人合作，我們才能真正幫助罪犯重新融入社會。這不僅是對個人的救贖，更是整個社會的進步。畢竟，一個充滿同理心和合作精神的社會，才是減少犯罪的最佳良方。

理解罪犯心理：從根源探索改變之道

在探討如何幫助罪犯重新融入社會時，我們必須深入理解他們的心理狀態和行為模式。單純的監禁並不能從根本上解決問題，因為釋放後他們很可能會再次犯罪。我們需要思考的是，如何幫助他們為重返社會做好準備。

這個過程絕非易事。我們不能透過讓他們過輕鬆的生活來幫助他們，也不應該一味批評或指責。因為罪犯的思維方式和價值觀已經根深蒂固，簡單的說教或爭論無法改變他們。

要真正改變一個人，我們必須追溯到他形成這種思維方式的根源。通常在四五歲時，一個人的主要性格特徵就已經形成。在這個階段，他們對自己和世界形成了某些錯誤的認知，這些錯誤觀念後來也反映在他們的犯罪行為中。

因此，我們需要了解並糾正這些早期形成的錯誤認知。我們必須找出他們生活態度最初的發展軌跡。罪犯往往會將所有經歷都解讀為支持自己生活態度的證據。如果某些經歷與這種態度不符，他們會想方設法對其進行扭曲，使之符合自己的觀點。

例如，如果一個人認為世界總是在羞辱和虧待他，他會不斷尋找證據來支持這種看法，同時忽視所有相反的證據。罪犯通常只關注自己的觀點，用自己的方式去理解世界，對不符合自己認知的事物視而不見。

因此，要真正幫助罪犯改變，我們必須深入挖掘他們解讀世界的方式背後的意義，了解他們各種觀點形成的原因。只有找到他們態度最初形成的根源，我們才能真正說服他們，幫助他們重新審視自己的生活態度，為重返社會做好準備。

從懲罰到重塑：以理解與教育打造和諧社會

在探討如何改善我們的司法系統和社會結構時，我們不能忽視那些被標籤為「罪犯」的人的心理狀態。體罰和嚴厲懲罰並不能達到預期的效果，反而會加深罪犯對社會的敵意和不信任。

我們需要回顧這些人的成長經歷，了解他們為何走上犯罪的道路。很多時候，這源於他們在學校或家庭中遭受的負面經歷。當一個孩子因為學習成績差或行為不當而不斷受到批評和懲罰時，他們很容易失去與他人合作的能力和動力。相反，他們會感到絕望和被孤立，對周圍的環境產生敵意。

這種敵意和不信任會導致孩子逃避正常的社交環境，轉而尋找理解和認同。他們可能會加入同樣背景的群體，在那裡找到接納和歸屬感。不幸的是，這些群體往往會引導他們走向犯罪的道路。

因此，我們需要改變對待這些人的方式。懲罰並不能解決問題，反而會強化他們對社會的負面看法。我們應該著眼於培養他們的信心和勇氣，幫助他們重新融入社會。

學校在這個過程中扮演著關鍵角色。教育工作者需要更多地關注那些有困難的學生，幫助他們建立自信，培養與他人合作的能力。這不僅能預防犯罪，還能為整個社會創造更加和諧的氛圍。

總之，我們需要以更加理解和包容的態度對待那些被視為「罪犯」的人。只有透過培養他們的信心和勇氣，我們才能真正幫助他們重新融入社會，減少犯罪率，創造一個更加安全和諧的社會環境。

犯罪心理的深層剖析：超越懲罰的思考

在探討犯罪行為的根源時，我們不得不深入罪犯的內心世界，了解他們的思維模式和行為動機。體罰和嚴厲的懲罰常被認為是遏制犯罪的有效手段，但事實卻並非如此簡單。

許多罪犯對生命的態度往往是複雜而矛盾的。他們可能不珍惜自己的生命，有些甚至曾經考慮過自殺。在這種情況下，體罰或死刑對他們來說並不具有威懾力。相反，這些懲罰可能會激發他們內心的反抗精神，強化他們與社會對抗的決心。

罪犯常常將自己與社會的關係視為一場持續的戰爭。在這場戰爭中，他們竭力追求優越感，試圖證明自己比執法者更聰明、更勇敢。因此，嚴厲的懲罰反而可能成為他們挑戰權威的機會，進一步強化他們的犯罪心理。

我們需要認識到，罪犯的行為往往源於他們錯誤的生活方式和扭曲的世界觀。這些問題通常可以追溯到他們的童年經歷。每個孩子都應該感到自信，相信自己與他人一樣有價值，並認識到與他人合作的重要性。然而，一些孩子由於種種原因未能形成這種健康的心態，最終可能走上犯罪的道路。

要真正解決犯罪問題，我們需要超越單純的懲罰思維。我們應該幫助罪犯認識到自己的錯誤，理解為什麼這些行為是錯誤的。更重要的是，我們要培養他們的勇氣，教導他們如何對他人產生興趣，學會與社會合作共處。

只有當我們能夠從根本上改變罪犯的思維方式和生活態度，才能真正減少犯罪的發生。同時，我們也要關注預防工作，確保每個孩子都能在健康、積極的環境中成長，培養他們的社會責任感和合作精神。這樣，我們才能從源頭上遏制犯罪，創造一個更加和諧、安全的社會。

犯罪的解藥：合作能力的培養與社會重建

在這個充滿挑戰的世界中，我們不斷尋求解決社會問題的方法，而犯罪無疑是其中最為棘手的難題之一。多年來，我們嘗試了各種手段來遏制犯罪，但效果似乎總是不盡如人意。然而，透過深入的研究和觀察，我們終於找到了一個可能的突破口：合作。

合作的能力是人類與生俱來的潛能，但這並不意味著我們天生就懂得如何合作。事實上，合作是一項需要學習和培養的技能。就像我們學習地理知識一樣，合作也是可以透過教育來傳授的。這個觀點為我們提供了一個全新的視角來看待犯罪問題。

我們必須認識到，缺乏合作能力可能是導致犯罪行為的根本原因之一。當一個人無法與他人和諧相處、無法理解合作的重要性時，他們更容易走上犯罪的道路。因此，預防犯罪的關鍵在於培養人們的合作意識和能力。

這種觀點可能會顛覆我們以往對犯罪的認知。我們需要勇氣來面對這個事實：過去的方法可能都忽視了合作這個關鍵因素。我們需要重新思考我們的教育體系，將合作能力的培養納入其中，不僅是為了預防犯罪，更是為了塑造一個更加和諧的社會。

對於已經犯罪的人，我們也不應該放棄。相反，我們應該致力於教導他們如何合作，如何重新融入社會。這或許是改變他們生活方式、糾正錯誤態度的最有效方法。

整體而言，我們必須認識到合作能力的重要性，並將其視為預防和應對犯罪的核心策略。只有這樣，我們才能真正開始解決這個困擾人類數千年的難題，為建立一個更加安全、和諧的社會奠定基礎。

重塑社會：透過教育與就業機會降低犯罪率

個體心理學為我們提供了改造罪犯的理論基礎，但將其應用於每一個罪犯無疑是一項艱鉅的任務。我們必須認識到，在經濟困難時期，人們的合作能力往往會下降，犯罪率也隨之上升。因此，我們需要採取更加務實的方法來應對這一社會問題。

雖然我們無法立即改造所有罪犯，但我們可以採取措施來減輕社會壓力，從而降低犯罪率。首要任務是解決失業問題，確保每個願意工作的人都能找到適合的工作。這不僅能滿足人們的基本生活需求，還能維持他們的合作精神。同時，我們應該加強職業培訓，為人們提供更多的就業選擇。

教育也是預防犯罪的關鍵。我們需要改進教育體系，使年輕人能夠更好地應對生活挑戰。這種教育不應僅限於學校，還應延伸到監獄中。透過為囚犯提供教育和技能培訓，我們可以幫助他們重新融入社會，降低再犯率。

雖然個別治療可能不切實際，但集體治療仍然是一種有效的方法。我們可以組織小組討論，讓罪犯參與社會問題的探討。這種方式可以幫助他們擺脫不切實際的幻想，認識到自身的潛力，並學會如何更好地應對社會挑戰。

整體而言，我們需要一個多方位的方法來降低犯罪率。這包括提供就業機會、改進教育體系、加強職業培訓，以及開展有針對性的心理治療。雖然這是一個長期的過程，但只要我們堅持不懈，就一定能夠建立一個更加安全、和諧的社會。

公平與包容：預防犯罪的社會責任與人道對策

在我們的社會中，如何有效地預防和應對犯罪行為一直是一個棘手的問題。我們需要重新審視我們對待罪犯的方式，以及我們的社會結構如何影響犯罪行為的產生。

首先，我們必須認識到，極端的貧富差距可能成為犯罪的溫床。當社會中存在明顯的財富不平等時，這種情況往往會激起貧困者的不滿和嫉妒。因此，我們應該努力縮小貧富差距，同時也要避免過度炫耀財富，以減少對潛在罪犯的誘惑。

其次，我們需要改變對待罪犯的態度。過去，我們常常採用威脅、挑戰或羞辱的方式來對付罪犯，但這種方法往往適得其反，只會激起他們的反抗情緒。我們應該明白，真正的改變來自於罪犯自身對處境的認識，而不是外部的壓力。

在執法方面，我們應該著重提高破案率，而不是依賴嚴厲的懲罰來嚇阻犯罪。高破案率能有效地打擊罪犯的囂張氣焰，減少他們逃脫法律制裁的機會。同時，我們也應該謹慎處理有關罪犯的報導，避免過度宣傳，以免無意中給予他們不必要的關注。

最後，我們需要重視罪犯的社會重新融入過程。應該選擇合適的緩刑監督官，增加他們的數量，並確保他們具備處理社會問題的能力。這些監督官應該以合作和支持的態度來幫助罪犯重新適應社會生活，而不是繼續對他們進行羞辱或挑戰。

整體而言，預防和應對犯罪是整個社會的共同責任。我們需要創造一個更加公平、包容的社會環境，同時也要以更加理性、人道的方式對待罪犯。只有這樣，我們才能真正減少犯罪，促進社會的和諧發展。

罪與罰：重塑社會對罪犯的態度

在探討如何應對社會犯罪問題時，我們必須反思我們對待罪犯的方式是否真正有效。長期以來，我們一直採用威懾和懲罰的策略，但這種做法似乎並未取得預期的效果。相反，它可能激化了罪犯的對抗情緒，使他們更加疏離社會。

我們需要認識到，罪犯也是人，他們同樣有自尊心和自我認知。當我們不斷挑戰、威脅或羞辱他們時，我們實際上在強化他們的負面行為模式。這種做法不僅無助於改造罪犯，還可能激發他們更加抗拒社會規範。

因此，我們應該採取更加謹慎和人道的方式。首先，我們應該避免過度宣傳罪犯的行為，不要給他們不必要的關注。其次，我們應該改變我們的執法和司法系統，使其不再被視為與罪犯對抗的工具，而是幫助他們重新融入社會的橋梁。

提高破案率是一個重要的目標。當罪犯意識到他們的行為很可能被發現時，他們更有可能三思而後行。然而，這並不意味著我們應該採取更嚴厲的懲罰措施。相反，我們應該專注於幫助罪犯更好地認識自己的處境，並為他們提供改變的機會。

在社會層面，我們還需要注意減少貧富差距，避免過度炫耀財富，這些都可能引發社會矛盾，成為犯罪的誘因。我們應該致力於建設一個更加公平、包容的社會，為每個人提供向上流動的機會。

最後，我們需要重新考慮緩刑制度的作用。透過增加合格的緩刑監督官，我們可以為罪犯提供更好的指導和支持，幫助他們重新適應社會生活。這些監督官應該具備處理社會問題的能力，並且理解合作的重要性。

整體而言，我們需要摒棄過去那種簡單的懲罰思維，採取更加全面、人性化的方法來處理犯罪問題。只有這樣，我們才能真正實現社會的和諧與安全。

合作精神的培育：降低犯罪率的核心策略

在我們探討如何降低犯罪率時，我們不得不承認，單靠懲罰和威懾並不能取得理想的效果。然而，我們還有一個更為有效的方法：從小培養孩子的合作精神和社會興趣。這個方法不僅實際可行，而且已經在許多案例中證明了其成效。

想像一下，如果我們能夠成功地教導孩子們如何與他人合作，如何培養他們對社會的興趣和責任感，我們將會看到犯罪率的顯著下降。這種變化不會是緩慢的過程，相反，我們可能很快就能看到明顯的效果。這是因為大多數犯罪行為都始於青少年時期，特別是在 15 到 28 歲之間。

透過正確的引導，孩子們將能夠更好地應對生活中的挑戰和困難。他們不會輕易失去對他人的關心和興趣，即使面對誘惑或壓力也能保持正直。這種能力不僅會使他們遠離犯罪，還會讓他們在生活的各個方面都表現得更加出色。

對於家庭來說，這種教育方式也會帶來長期的益處。一個獨立、有遠見、樂觀且發展良好的孩子不僅能夠幫助父母，還能給他們帶來舒適和滿足感。更重要的是，這種合作精神一旦形成，就會像漣漪一樣擴散開來，最終影響整個社會，甚至全球。

然而，我們面臨的挑戰是如何有效地實施這種教育。直接培訓所有家長似乎不太可行，因為那些最需要幫助的家長往往也是最難接觸到的。把所有孩子集中起來進行全天候監管也不是一個理想的解決方案。

那麼，我們該如何開始這項重要的工作呢？我們需要找到一個平衡點，既能夠有效地影響孩子，又不會過分干涉他們的自由發展。這需要我們深入思考，創新方法，也許我們可以從學校教育入手，或者利用社群資源來補充家庭教育的不足。無論如何，培養下一代的合作精神和社會責任感，將是我們預防犯罪、促進社會和諧的關鍵所在。

培養社會進步的種子：教師與學校的重要角色

在人類文明的發展過程中，教育一直扮演著至關重要的角色。我們常常忽視了一個簡單而有力的真理：教師和學校是社會進步的關鍵推動力。透過適當的培訓和引導，教師可以成為塑造未來社會的主要力量，而學校則是這種變革的理想舞臺。

讓我們深入思考這個觀點。家庭無疑是兒童早期發展的基石，但它也可能是某些偏見和不良習慣的源頭。這就是學校發揮作用的地方。作為家庭的延伸和補充，學校有獨特的機會來糾正這些偏差，並培養兒童的社會興趣。

想像一下，如果我們能夠系統地訓練教師，使他們成為社會進步的催化劑。這些教師將不僅僅傳授知識，更重要的是，他們將培養學生的合作精神、同理心和對人類福祉的關注。這種教育方法將自然而然地融入學校的日常生活中，成為學生成長過程中不可或缺的一部分。

關鍵在於讓學生理解一個基本事實：我們今天享受的一

切，都是建立在前人的貢獻之上的。透過這種認知，我們可以激發學生對社會做出貢獻的渴望。我們應該教導他們，真正有意義的生命是那些為人類進步留下痕跡的生命。

這種教育理念將培養出一代又一代樂於合作、富有同情心、勇於面對挑戰的年輕人。他們將具備解決複雜社會問題的能力，並且始終以大眾利益為重。這不僅僅是一種教育方法，更是一種塑造更美好社會的願景。

透過這種方式，我們可以逐步建立一個更加和諧、更具同理心的社會。這是一個長期的過程，但卻是最有效、最持久的社會改革途徑。讓我們攜手共同努力，透過教育來培養社會進步的種子，為人類的未來鋪平道路。

生活的交響曲：工作、社會與個人成長的和諧

人類的生活如同一首複雜的交響樂，由三個主要樂章組成：工作、社會關係和個人成長。這三個方面緊密相連，相互影響，共同譜寫出我們生命的旋律。

首先，讓我們聚焦於工作這個樂章。我們生活在這個豐饒的星球上，擁有無盡的資源和可能性。然而，如何有效利用這些資源，如何在環境中找到我們的定位，一直是人類面臨的重大挑戰。每個時代都在尋找適合自己的答案，但答案從未是終極的。我們不斷探索、調整、進步，這個過程本身就是人類文明進步的動力。

接下來，我們來到社會關係這個樂章。人類是群居動物，我們的存在離不開他人。正是這種相互依存的關係，塑造了我們的行為模式和價值觀念。友誼、同理心、合作精神，這些都是我們在社會中生存和發展所必需的品質。而這些品質的培養和運用，又反過來推動了工作效率的提升。

勞動分工就是一個絕佳的例子，展示了社會關係如何影響工作效率。透過合作，我們可以充分發揮每個人的專長，將不

同的技能和知識整合起來，創造出遠超個人能力的成果。這不僅提高了生產效率，也為每個人提供了更多的發展機會。

最後，我們來到個人成長這個樂章。每個人都是獨特的個體，都有自己的夢想和追求。如何在工作和社會關係中找到自我，如何平衡個人需求和集體利益，這是我們每個人都需要面對的課題。個人的成長不僅能夠提升工作能力，也能夠改善社會關係，從而形成一個良性循環。

這三個樂章相互交織，相互影響，共同構成了生活的交響曲。我們需要在這三個方面都取得進步，才能真正實現生活的平衡和幸福。雖然我們還遠未達到完美，但只要我們持續努力，不斷調整，就一定能夠譜寫出更加美妙的人生樂章。

生命的三重奏：工作、社會與愛情的平衡藝術

人生如同一場精妙的三重奏，由工作、社會關係和愛情這三個主旋律構成。這三個元素相互交織、相互影響，共同譜寫出我們生命的樂章。然而，並非每個人都能完美地演奏這首曲子，有些人會試圖逃避其中的某個部分，結果往往適得其反。

讓我們先來看看那些逃避工作的人。他們或許認為自己可以擺脫勞動的束縛，過上輕鬆愜意的生活。但實際上，這些人往往成為社會的寄生蟲，依賴他人的勞動成果而生存。這種行

為不僅損害了社會的公平性，也剝奪了自己透過工作獲得成就感和自我價值的機會。

另一方面，有些人則過分沉浸於工作，將其作為逃避社會交往和愛情問題的藉口。他們可能會說：「我沒有時間談戀愛」或「我的事業太忙，無暇顧及婚姻」。這種行為看似敬業，實則是一種逃避。工作固然重要，但若因此而忽視了人際關係和情感需求，生活就會失去平衡和意義。

還有一些人，特別是精神官能症患者，會同時逃避社會和愛情這兩個問題。他們可能會全身心投入工作，甚至到了廢寢忘食的地步。然而，這種極端的工作狀態往往會導致身心俱疲，最終影響工作效率，形成惡性循環。

事實上，這三個問題 —— 工作、社會關係和愛情 —— 是密不可分的。它們就像一個三角形的三個頂點，相互支撐，缺一不可。成功解決其中一個問題，往往能為解決其他兩個問題提供助力。例如，一份穩定的工作可以為建立社會關係和尋找伴侶提供良好的基礎；而良好的人際關係和穩定的感情生活，又能為工作提供情感支持和動力。

因此，我們應該努力在這三個方面尋求平衡，而不是試圖逃避其中的任何一個。只有這樣，我們才能真正實現自我價值，在社會中找到自己的位置，並享受豐富多彩的人生。

從母親到學校：兒童職業興趣培養的關鍵路徑

在兒童成長的過程中，母親扮演著至關重要的角色，她是孩子職業興趣發展的第一個引導者。生命中最初的幾年，無論是努力還是教育，都對一個人成年後的主要活動產生深遠的影響。這段時期所形成的興趣和記憶，往往能夠準確預示一個人未來的發展方向。

作為一名職業顧問，我深深體會到早期記憶的重要性。每當進行職業指導時，我總是會詢問諮詢者童年的早期回憶和興趣。這些看似微不足道的片段，實際上蘊含著豐富的訊息，展現了一個人的理想以及這些理想如何與其精神世界相適應。這些早期記憶就像是一面鏡子，反射出一個人未來可能成為什麼樣的人。

繼母親之後，學校教育成為塑造兒童職業發展的第二個重要階段。現代學校越來越注重學生的未來職業發展，不僅關注學科知識的傳授，還重視培養學生的實際技能，如手、耳和眼的協調能力。這種全面的教育方式，為學生未來的職業生涯奠定了堅實的基礎。

然而，我們不應忽視傳統學科教育的價值。儘管許多人抱怨多年後已經忘記了在學校學習的拉丁語或法語，但這些學科的學習過程本身就是一種寶貴的大腦訓練。透過學習各種學科，我們找到了全面開發大腦功能的最佳方法。

此外，一些現代學校還特別重視手工藝教育。這不僅豐富了孩子們的生活經驗，還能顯著提升他們的自信心。這種自信對於未來的職業選擇和發展至關重要。

然而，我們也要警惕一種現象：有些人雖然可以自由選擇職業，卻永遠不會感到滿足。這類人往往是被過度寵愛的孩子，他們期望不勞而獲，逃避生活中的挑戰。他們的問題不在於找不到合適的工作，而是缺乏面對現實、解決問題的勇氣和能力。

因此，無論是父母還是教育者，都應該致力於培養孩子獨立思考、勇於面對挑戰的品格，為他們未來的職業生涯和人生發展打下堅實的基礎。

培養勇於領導的下一代：從童年開始的人格塑造

在孩子的成長過程中，我們常常會遇到一些不願意承擔領導責任的孩子。這些孩子更傾向於尋找一個可以追隨的對象，無論是同齡人還是成年人。這種行為模式看似無害，但實際上可能會阻礙孩子未來的發展。

作為教育者和家長，我們有責任幫助孩子克服這種過度順從的傾向。如果在童年時期不能改變這種行為，這些孩子長大後可能會選擇一些缺乏挑戰性的工作，只願意做一些例行公事，而不敢承擔更多責任。

然而，我們不應該簡單地將這種行為歸類為懶惰或逃避。相反，我們需要用科學的方法來分析這種行為的根源，並採取適當的措施來糾正它。這需要我們耐心觀察，細心引導，並且要有長遠的眼光。

值得注意的是，我們生活的環境塑造了我們的行為模式。在一個需要透過勤勞才能獲得所需資源的世界裡，工作、合作和奉獻精神變得尤為重要。這不僅是人類的直覺認知，也是科學研究的結論。

在討論這個問題時，我們不能忽視天才的例子。真正的天才不僅具有卓越的才能，更重要的是他們為人類做出了重大貢獻。這種貢獻往往是建立在與他人合作的基礎之上的。例如，藝術領域的天才們透過他們的作品提升了整個人類文化水準，教會我們欣賞世界的美。

因此，我們的教育目標應該是培養孩子們勇於領導、樂於合作的品格。我們需要鼓勵他們發揮自己的潛力，同時也要教導他們如何與他人合作，為集體做出貢獻。只有這樣，我們才能培養出真正的領導者和創新者，推動人類社會的進步。

天才的養成：努力與環境造就的非凡之路

在這個世界上，每一個偉大的成就背後都有一段艱辛的歷程。作曲家、詩人、藝術家 —— 這些天才們並非憑空而來，而是透過不懈的努力和持續的合作精神，逐步塑造了自己的才能，同時也豐富了我們的世界。

音樂家教會我們欣賞和諧的曲調，詩人則豐富了我們的語言和情感表達。他們的貢獻不僅僅是個人成就，更是對整個人類文明的餽贈。然而，我們常常忽視了這些天才在成長過程中所面臨的挑戰和付出的努力。

事實上，許多傑出人物在生理上都有某些缺陷。這些缺陷非但沒有阻礙他們，反而成為了激發他們奮鬥精神的催化劑。他們從小就開始培養興趣，努力發展自己的才能，不斷鍛鍊感官以更容易理解和接觸這個世界。這種早期的自我訓練，正是他們日後成就的基石。

我們可以將天才的成長比作一棵樹的生長過程。就像幼苗需要陽光、水分和養分才能茁壯成長，天才們也需要適當的環境和鼓勵來培養他們的才能。以織帽子的小女孩為例，如果我們鼓勵她的創造力，她就會繼續努力，提升技能；相反，如果我們打擊她的積極性，她可能就會放棄嘗試，失去發展才能的機會。

因此，我們應該認識到，天才並非天生注定，而是透過持續的努力和正確的引導而逐步形成的。每個人都有潛在的才能，關鍵在於我們如何培養和發展這些才能。作為社會的一份子，我們有責任為這些潛在的天才創造良好的環境，給予適當的鼓勵和指導，讓他們的才能得以充分綻放，最終造福整個人類社會。

培養孩子的職業意識：引導他們探索未來的道路

從小培養孩子的職業意識，是幫助他們規劃未來、發展潛能的重要一步。當我們問及孩子長大後想做什麼時，他們往往會給出一個看似簡單的答案。然而，這個答案背後蘊含著豐富的訊息，值得我們深入探索。

作為家長和教育者，我們的任務不僅僅是聽取孩子的回答，更重要的是要理解他們的潛在動機。我們需要洞察他們的努力方向，發現推動他們前進的力量，了解他們的奮鬥目標，以及他們實現這些目標的具體計劃。孩子們的回答可能反映了他們對某些職業的憧憬，但我們可以從中發現更多機會，幫助他們實現真正的目標。

隨著年齡的增長，孩子們對未來職業的設想會變得更加清晰。十二三歲的孩子通常能夠表達出更具體的職業願望。如果在這個年齡層的孩子表示不知道將來想做什麼，我們不應該感到失望。這並不意味著他們對一切都缺乏興趣，而可能是因為他們還沒有足夠的勇氣表達自己的志向。在這種情況下，我們的責任是努力發掘他們的主要興趣，並提供適當的指導和訓練。

即使到了 16 歲高中階段，有些孩子仍然對未來的職業選擇感到迷茫。這些孩子往往學習成績優秀，但對自己的人生方向不甚明確。我們可以觀察到，他們可能懷有遠大的抱負，但在與他人合作方面存在不足。他們尚未找到自己在勞動分工中的定位，也沒有找到實現抱負的切實可行的方法。

因此，從孩子很小的時候就開始詢問他們未來的職業規劃，是一件非常有意義的事情。我經常在課堂上提出這個問題，鼓勵孩子們認真思考，而不是將其置之不理或隱藏起來。同時，我也會詢問他們選擇某個職業的原因，他們的回答往往能夠揭示許多有價值的訊息。

童年興趣的力量：鋪就職業選擇的未來之路

兒童時期的興趣和經歷，往往是成年後職業選擇的重要指標。許多人在四五歲時就已經顯現出某些方向的傾向，這些早期培養的興趣可能會成為他們終生追隨的道路。然而，現實生活中的經濟壓力或家庭期望，有時會迫使人們偏離自己的初心，從事並不熱愛的職業。

這正突顯了兒童時期培養興趣的重要性。在職業指導中，我們應該認真考慮孩子的最初記憶。比如，對視覺刺激特別敏感的孩子可能適合需要良好視力的工作；對聲音印象深刻的孩子可能在音樂相關領域有所成就；而對動作感興趣的孩子則可能適合體力勞動或戶外工作。

觀察孩子的遊戲行為，我們常常能看到他們在為未來的職業做無意識的準備。有些孩子表現出對機械和技術的濃厚興趣，這可能預示著他們在相關領域的未來成就。想當老師的孩子會組織玩伴進行模擬課堂遊戲，而對母職感興趣的女孩則會熱衷於照顧玩偶。

這種對未來角色的模仿和練習是極為重要的。我們不應擔心這些遊戲會讓孩子脫離現實，相反，它們是孩子認同並準備未來角色的重要途徑。尤其是對於女孩來說，及早培養母職角色的認同感至關重要，因為如果等到長大後再培養這種興趣，可能會因為興趣已經定型而難以改變。

整體而言，兒童時期的興趣培養和經歷累積，對於未來的職業選擇和人生發展都有著深遠的影響。作為家長和教育者，我們應該細心觀察並適度引導孩子的興趣發展，為他們未來的職業生涯打下堅實的基礎。

母親的無價貢獻與孩子的職業抱負

在人類社會的發展中，母親扮演著不可或缺的角色，她們的貢獻往往被低估，甚至被認為是毫無價值的。然而，我們必須重新審視並肯定母親對家庭和社會的重要性。母親不僅僅是照顧者，更是孩子成長道路上的引路人和啟蒙者。

當母親用心關愛孩子，為他們鋪平人生道路，教導他們如何成為對社會有貢獻的公民時，她們對人類文明的貢獻是無可比擬的。母親們拓寬孩子的興趣，培養他們的合作精神，這些都是塑造未來社會棟梁的關鍵。

可悲的是，在我們的文化中，母親的工作常常被低估，被視為缺乏吸引力或價值。母親們的付出往往只有間接的回報，而以此為主要職業的婦女在經濟上可能需要依賴他人。然而，我們必須認識到，一個家庭的成功不僅取決於父親的工作，同樣也依賴於母親的付出。無論母親是全職主婦還是職場女性，她作為母親的角色與丈夫的工作同等重要。

在孩子的成長過程中，他們會受到各種因素的影響，進而形成自己的職業志向。有些孩子可能因為經歷過疾病或死亡而對醫療行業產生濃厚興趣，希望成為醫生、護士或藥劑師。這種志向應當得到鼓勵，因為早早立志從事醫療工作的孩子往往會更加熱愛自己的職業。

有時，目睹死亡的經歷也可能激發孩子透過藝術或文學創作來超越死亡的慾望，或者促使他們成為虔誠的信徒。另一方面，孩子們常常努力超越家庭成員，尤其是父母。這種現象極具意義，因為我們樂見新一代超越上一代。如果孩子希望在父親所從事的行業中取得更大成就，父親的經驗可以為他們提供良好的起點。

整體而言，母親的貢獻與孩子的職業抱負之間存在著微妙的聯繫。母親的培養和引導，加上孩子自身的經歷和志向，共同塑造了下一代的未來。我們應該更加重視母親的角色，同時鼓勵孩子們追求自己的理想，為社會的進步貢獻力量。

超越金錢：興趣與責任的職業教育之道

在現代社會中，我們常常過分強調金錢的重要性，這種觀念不知不覺間也影響了我們的下一代。然而，如果我們只是單純地教導孩子以薪水高低來衡量職業的價值，這無疑是一個嚴重的錯誤。我們應該鼓勵孩子們追隨自己的興趣和熱情，同時也要培養他們的社會責任感。

確實，每個人都需要謀生，這是不可否認的事實。但是，如果我們過分強調賺錢的重要性，很可能會導致孩子們偏離合作雙贏的道路，變得只顧自己的利益。更糟糕的是，如果「賺錢」成為他們唯一的興趣，而缺乏社會責任感，他們可能會走上不正當的道路，比如透過搶劫或詐騙來牟取利益。

即使情況不至於如此極端，但仍然可能導致他們的個人目標缺乏社會價值。他們也許能夠賺到大把鈔票，但他們的行為可能對他人毫無益處，甚至有害。在當今複雜的社會環境中，致富的途徑多種多樣，有些甚至可能是不正當的。我們無法保證那些堅持正道的人一定能迅速成功，但我們可以肯定的是，他們會保持勇氣和自尊。

對於那些有問題的孩子，我們的第一步應該是找出他們的主要興趣所在。透過這種方式，我們能夠更好地幫助和鼓勵他們。如果年輕人還沒有確定職業目標，或者中年人發現自己選擇了錯誤的職業道路，我們應該首先幫助他們發現自己的真正興趣，然後以此為基礎進行職業指導，並努力協助他們找到合適的工作。

然而，這並不是一件容易的事情，特別是在當前高失業率的背景下。這種情況對於培養人們的合作精神並不有利。因此，我相信，每一個意識到合作重要性的人，都應該盡自己的一份力量，努力消除失業問題，確保每一個想工作的人都能找到適合自己的工作職位。

培養技能，創造價值：教育與社會進步的關鍵

在現代社會中，教育和技能培訓的重要性不言而喻。然而，我們仍然面臨著一個嚴峻的現實：許多人因缺乏適當的技能和培訓而無法在就業市場上立足。這不僅影響了個人的生活品質，也對整個社會造成了負面影響。

要解決這個問題，我們必須重視並大力發展職業培訓學校、技術學校和成人教育機構。這些教育管道能夠為那些未受過正規訓練或缺乏專業技能的人提供寶貴的學習機會。透過這

些途徑，他們可以獲得實用的技能，提高自身的就業能力，從而在社會中找到屬於自己的位置。

我們不能忽視的是，缺乏技能和工作機會往往會導致一系列社會問題。那些感到自己無價值、無地位的人更容易陷入犯罪、精神疾病甚至自殺的困境。這不僅是個人的悲劇，也是整個社會的損失。因此，為每個人提供適當的教育和培訓機會，不僅是個人發展的需要，更是社會穩定和進步的基石。

作為家長、教師或任何關心人類未來的人，我們都有責任為下一代創造更好的教育環境。我們應該致力於確保每個孩子都能接受優質的教育，使他們做好準備，在未來的社會分工中找到自己的位置。這不僅涉及傳統的學術教育，還包括職業技能的培養和社會責任感的培育。

當我們努力提高教育質量和覆蓋面時，我們也在為建立一個更加公平、更有活力的社會做出貢獻。透過教育，我們可以幫助每個人發掘自己的潛力，培養他們的專業技能，並激發他們對社會福祉的關注。這樣，我們就能夠減少社會負擔，增加生產力，同時也能夠提高整體的生活品質和社會和諧度。

人類合作的演進：從原始圖騰到現代社會

人類自古以來就致力於與同類建立友好關係，這種努力是我們生存和進步的根本。透過對他人的關心和興趣，我們得以發展並創造文明。家庭作為最基本的社會單位，在這個過程中扮演著至關重要的角色。

從人類歷史的開端，我們就傾向於以家庭的形式聚集生活。原始部落使用共同的標誌或圖騰，將家庭團結在一起，以獲得集體認同感。這些圖騰不僅僅是簡單的符號，更是凝聚力量、促進合作的重要工具。

最早的宗教形式往往是對圖騰的崇拜。不同的部落可能崇拜不同的動物或自然物象，如蜥蜴、公牛或蛇。崇拜同一圖騰的人們生活在一起，相互合作，彼此視為兄弟姐妹。這種原始的習俗成為人類鞏固和維持合作關係的重要方式之一。

在與這些原始宗教相關的節日慶典中，同一圖騰的崇拜者會聚集在一起，討論諸如收成、防禦野獸和應對惡劣天氣等關乎生存的重要議題。這些節日不僅是慶祝的時刻，更是集體智慧的結晶和團結合作的展現。

婚姻在原始社會中被視為關乎整個部落利益的大事。為了促進不同群體間的交流與合作，人們通常需要在自己部落之外或崇拜不同圖騰的群體中尋找配偶。這種跨部落、跨圖騰的婚姻制度，不僅擴大了基因庫，也促進了不同群體間的理解與融合。

即使在現代社會，我們仍然需要認識到愛情和婚姻並非純粹的私事，而是關乎全人類的共同任務。每一段婚姻都承載著社會賦予的責任，包括生育健康的後代，培養下一代的合作精神，這些都是與整個社會息息相關的重要使命。因此，全社會都應該為每一對新人的婚姻提供必要的支持和幫助。

合作精神：人類社會進步的關鍵

在這個複雜多變的世界中，我們經常會思考如何讓社會變得更加和諧、更加美好。宗教教誨中的「愛你的鄰居」這一古老智慧，如今在科學的視角下獲得了新的解讀和證實。這不僅僅是一種道德呼籲，更是人類社會發展的必然要求。

然而，我們不得不承認，當今社會中存在著一些只關注自身利益、漠視他人的人。這種自私自利的態度往往是造成社會問題和人際衝突的根源。我們需要認識到，真正的進步和成功建立在互相理解、互相關心的基礎之上。

合作精神是人類社會進步的關鍵。無論是在政治、經濟還是社會生活中，缺乏合作精神都會導致失敗和倒退。因此，我們應該鼓勵和支持所有旨在促進合作的努力，無論它們來自何方。重要的是要明白，通往合作的道路並非只有一條，不同的方法和途徑都可能達到這一目標。

在政治領域，我們應該評判一個政黨或政治家的標準不應該僅僅基於他們的口號或承諾，而應該看他們是否能夠真正促進社會的合作與和諧。同樣，在社會活動中，如果參與者的目標是培養好公民、提高社會責任感，並以積極的方式影響社會變革，那麼這樣的努力就是值得肯定的。

階級運動作為一種團體活動，如果其目標是促進人類整體的進步，我們就不應對其抱有偏見。重要的是要認識到，不同群體、不同階層之間的合作對於社會的整體發展至關重要。

總之，我們應該努力培養和發展合作精神，這不僅是對宗教教誨的實踐，也是推動人類社會進步的必要條件。讓我們攜手努力，共同創造一個更加和諧、更加美好的世界。

合作與聯繫：推動人類進步的核心力量

人類社會的進步與發展，歸根結柢取決於我們是否能夠加強彼此之間的合作與聯繫。任何促進人類合作的政治和社會運動，都應當被視為進步的力量。儘管這些運動可能並非盡善盡美，但只要其目標確實是為了增進合作，我們就不應該輕易否定它們的價值。

真正值得我們警惕的，是那些只顧個人私利、缺乏社會興趣的人生觀。這種態度無疑是阻礙個人和集體進步的最大障礙。事實上，人類的各項能力都是在與他人互動中逐步發展起來的。語言、閱讀和寫作等基本技能，都以與他人建立聯繫為前提。語言本身就是全人類共同努力的結晶，是社會興趣的產物。

理解這個世界不是一個人的私事，而是人類共同的事業。真正的理解意味著我們希望與他人分享我們的見解，並透過交流來深化認知。然而，有些人只追求自身利益，將生命的意義完全建立在自私的基礎之上。這種人往往難以與他人和睦相處，因為他們的世界觀與大多數人格格不入。

我們常常能在以自我為中心的孩子臉上，看到一種卑鄙或木然的表情。類似的表情也常見於罪犯和精神病患者身上。這些人往往不願意與他人進行眼神接觸，他們看待世界的方式與常人大不相同。有時，他們甚至會刻意迴避他人的目光，將視線轉向別處。

這種無法與他人建立聯繫的狀況，也常常表現在各種神經官能症的症狀上，如強迫性臉紅、口吃、性功能障礙等。這些症狀都反映出患者因缺乏對他人的興趣，而無法與周圍的人建立正常的社交關係。

整體而言，培養社會興趣、增進人際合作，不僅是個人健康成長的關鍵，更是推動整個人類社會不斷進步的核心動力。

重返社會：一個精神分裂症患者的漫長康復之路

精神病患者與社會的疏離程度常常令人驚訝。在所有心理疾病中，精神分裂症可能是最具挑戰性的一種。它不僅使患者與周圍環境脫節，還會導致他們對他人完全失去興趣。然而，即使面對如此嚴重的情況，我們也不應放棄希望。

我曾經遇到一位年輕女性，她患有精神分裂症已經八年，其中兩年一直住在精神病院裡。她的行為極為反常：像狗一樣狂吠，撕扯衣服，甚至試圖吞食手帕。這些行為清楚地表明她對他人毫無興趣，彷彿在向世界宣告：「我見的人越多，就越想做一條狗。」

面對這樣的患者，治療需要極大的耐心和善意。我開始每天與她交談，儘管一個月來她幾乎沒有任何回應。漸漸地，她開始說一些難以理解的話，這是一個微小但重要的進步。

然而，康復之路並非一帆風順。即使受到鼓勵，這類患者也往往不知如何與人相處。他們可能會採取破壞性行為，比如打人或摔東西。當這位女孩打我時，我選擇不抵抗，而是以友善的態度面對她。這種反應出乎她的意料，反而使她放棄了進一步的挑釁。

治療精神分裂症患者需要極高的技巧和無限的耐心。我們必須努力重新激起他們對他人的興趣，幫助他們重建與社會的聯繫。這個過程可能漫長而艱難，但只要我們保持希望，以最仁慈、最友好的態度對待患者，就有可能幫助他們重返社會，重新找到生活的意義。

理解與接納：精神疾病康復的力量

在與精神疾病患者打交道的過程中，我們常常忽視了一個重要的事實：他們也是人，也有情感和需求。我記得有一位年輕女孩，她的故事至今仍然深深地印在我的腦海中。

那天，她打碎了我的窗戶，割傷了自己的手。面對這樣的情況，大多數人可能會選擇懲罰或限制她的行動。但我選擇了另一種方式：我溫柔地為她包紮傷口，沒有一句責備的話。

這個看似簡單的舉動，實際上展現了我對待精神疾病患者的核心理念：理解和接納。我們不能期望他們像常人一樣思考和行動，這是一個常見的失誤。相反，我們應該接受他們的特殊行為，因為這往往是他們表達內心世界的唯一方式。

令人欣慰的是，這個女孩最終康復了。一年後，我們偶然相遇，她的健康狀況令人驚喜。我邀請她和我一起回到曾經治療她的醫院，讓她與曾經的醫生交談。這次經歷不僅證明了她的康復，也展示了她重新融入社會的能力。

十年過去了，這個曾經飽受精神疾病折磨的女孩已經完全康復。她過上了獨立的生活，與他人相處融洽，沒有人能想像她曾經歷過如此艱難的時期。她的故事不僅是一個個體的康復奇蹟，更是對我們整個社會的啟示：只要我們以理解和包容的心態對待精神疾病患者，奇蹟就有可能發生。

在我多年的實踐中，我發現狂想症和憂鬱症患者往往能最清楚地展現出與他人之間的隔閡。狂想症患者常常感覺被全世界針對，而憂鬱症患者則傾向於過分責備自己。這些表現形式雖然不同，但本質上都反映了他們內心的痛苦和與世界的疏離感。

透過這些經歷，我更加堅信：治療精神疾病不僅需要專業的醫療手段，更需要我們以人性化的方式去理解、接納和關愛這些患者。只有這樣，我們才能真正幫助他們重拾生命的色彩，重新融入社會的懷抱。

重塑生命的曙光：走出憂鬱的迷霧

在人生的旅途中，我們常常會遇到意料之外的轉折。就像這位曾經備受尊崇的著名女性，一場意外事故竟成為了她生命的分水嶺。失去了往日的光環，再加上丈夫的離世，她頓時感到天塌地陷。三個已婚女兒的遠離更是讓她陷入了無盡的孤獨之中。

為了重拾昔日的生活，她選擇踏上了國外旅行的征程。然而，曾經熟悉的讚美與尊重卻不再如影隨形。在異國他鄉，憂鬱症悄然而至，如同一層厚重的迷霧籠罩著她的心靈。新結識的朋友們也紛紛離她而去，彷彿她成了一個被世界遺棄的孤島。

憂鬱症是一場艱難的戰役，不僅對患者本人，對周圍的人也是一次嚴峻的考驗。這位女士向女兒們發出求助的訊號，卻換來了一連串的推託。回到家中，她口中常常掛著「我女兒真是太好了」這樣的話語。表面上是讚美，實則是一種無聲的控訴。

憂鬱症患者的內心世界往往充滿了對他人的憤怒和指責，渴望得到關愛和支持。這種情緒可能源自童年時期被忽視或委屈的記憶，如同那個想躺在沙發上卻被哥哥搶先的小女孩。

面對憂鬱症患者，我們需要特別謹慎。自殺往往成為他們報復他人的極端方式，因此醫生的首要任務就是消除任何可能導致自殺的因素。我常常建議他們：「永遠不要做你不想做的事情。」這個看似簡單的原則，實際上觸及了問題的核心。

當憂鬱症患者能夠自由地按照內心的指引行動時，他們還能找到什麼理由來控訴或報復他人呢？我鼓勵他們追隨內心的聲音，無論是去看場電影還是來次短途旅行。即使半路改變主意也無妨，重要的是要學會傾聽自己的心聲，重新掌控自己的生活。

取悅他人的力量：轉化自我中心的治療策略

在我多年的精神病治療實踐中，我發現了一個看似矛盾卻異常有效的方法。這個方法不僅能夠幫助患者擺脫困擾，還能巧妙地滿足他們潛在的控制慾望。我常常建議患者去思考如何取悅他人，這個建議往往會讓他們感到驚訝甚至反感。

許多患者會說：「但我沒有什麼喜歡的事可做。」對此，我的回答總是：「那就不要做你不喜歡的任何事情。」有時，他們會表示想整天躺在床上。我知道，如果我贊同他們的想法，他們反而會失去這種慾望；如果我反對，就會引發衝突。因此，我總是選擇贊同他們，這是一種策略。

更直接的方法是告訴他們：「如果你遵循這個建議，14 天內就能痊癒。記住，每天都想想怎樣可以取悅別人。」這個建議對於那些習慣於思考如何煩擾他人的患者來說，簡直是一個巨大的挑戰。有些人會自欺欺人地說：「這對我來說真是太簡單了。我這一輩子都是這樣做的。」但實際上，他們從未真正這樣做過。

我鼓勵他們認真思考這個建議，即使他們並不真的打算照做。我告訴他們：「睡不著時，你可以把所有時間都用來考慮怎樣才能取悅別人，這樣你的健康會有巨大的改善。」第二天見面時，我會詢問他們是否認真思考過這個建議。

這種方法之所以有效，是因為它巧妙地轉移了患者的注意力，從自我中心轉向他人。它挑戰了他們固有的思維模式，迫使他們以新的角度看待自己和周圍的人。即使他們沒有真正去實踐，僅僅是思考這個建議，也能在某種程度上改變他們的心理狀態。這種轉變，往往是治療的第一步。

培養社會興趣：治癒心靈的良方

在我多年的心理治療實踐中，我發現一個普遍存在的問題：許多人缺乏對他人和社會的關注與興趣。這種狀況不僅影響個人的精神健康，也阻礙了社會的和諧發展。因此，我始終致力於增強患者的社會興趣，幫助他們建立與他人平等合作的關係。

當我建議患者關注他人時，常常會遇到各種反應。有些人會以睡眠良好為由迴避這個建議，有些則直接表示做不到。面對這些情況，我會耐心地引導他們，鼓勵他們即使在煩躁時也要嘗試關心他人。我強調這不僅有利於他人，更是為了自己的健康著想。

缺乏社會感的表現不僅限於個人行為，還展現在一些看似無心的「過失犯罪」中。比如，隨意丟棄點燃的火柴引發森林大火，或疏忽大意造成交通事故。這些行為雖然沒有惡意，但反映出行為者缺乏為他人著想的意識。

社會興趣的培養應該從小做起。學校和家庭在教導孩子關心他人方面扮演著重要角色。雖然社會感可能不是與生俱來的，但這種潛能是可以透過後天培養的。家長的教育方式、關愛程度，以及孩子對周圍環境的認知，都會影響這種潛能的發展。

如果一個孩子認為周圍充滿敵意，或者認為他人應該成為自己的奴隸，那麼他很難與人建立健康的關係。同樣，如果一個人過分關注自身的不適，也容易與社會隔絕。因此，培養正確的人際認知和社會觀念至關重要。

總之，增強社會興趣不僅是治療心理問題的有效方法，更是促進個人成長和社會和諧的關鍵。我們每個人都應該努力培養這種能力，學會在平等互利的基礎上與他人相處，共同創造一個更美好的社會。

家庭與學校：培養積極社會成員的關鍵基石

在我們探討如何培養孩子成為社會的積極成員時，我們不得不強調家庭和學校環境的重要性。這兩個場所是孩子學習和成長的主要舞臺，為他們未來的社會生活打下堅實基礎。

首先，我們要認識到，讓孩子感受到自己是家庭中不可或缺的一員，並對其他家人保持關心和興趣，這對孩子的健康成長至關重要。同時，父母之間和睦相處，以及與家庭外的人保持良好關係，都能為孩子樹立榜樣，讓他們學會如何與他人相處。

在學校環境中，我們希望孩子能夠融入班級集體，與同學建立友好關係，並學會信任這些友誼。這些經驗為孩子未來參與更廣泛的社會生活做好準備。家庭和學校的共同目標是培養孩子成為社會中的積極分子，成為人類社會中平等的一員。

只有在這樣的環境中成長，孩子才能培養出面對生活挑戰的勇氣和自信，並有動力為社會做出貢獻。一個能夠與他人建立良好關係，透過有意義的工作和幸福的婚姻為社會做出貢獻的人，不會感到自卑或失敗。相反，他會將這個世界視為一個充滿友善和機遇的地方。

我們希望培養出的是這樣一種人：他們認識到自己是人類歷史長河中的一部分，同時也明白自己在當下時代的創造性任務。他們不會逃避世界上存在的問題和挑戰，而是勇於面對，並透過努力工作和合作來改善這個世界。

最終，我們期望每個人都能成為工作中的好同事、生活中的好朋友，以及愛情和婚姻中的好伴侶。這就是我們對一個人的最高期望 —— 成為人類社會中的優秀成員。

愛情與婚姻：平等合作的藝術

德國鄉間有一個古老而富有智慧的習俗，它以一種獨特的方式考驗即將步入婚姻殿堂的戀人。在這個儀式中，新人被帶到一片空地，面對一棵倒下的大樹。他們的任務看似簡單：用一把雙柄鋸將樹幹鋸成兩段。然而，這個看似簡單的任務卻蘊含著深刻的寓意。

這個習俗巧妙地揭示了婚姻的本質：它是一種需要雙方共同努力、相互協調的合作關係。如果兩人不能協調一致，就會陷入互相掣肘的困境；如果一方想要獨攬大局，即便另一方默許，也難以取得理想的成果。只有當兩人都積極主動，協調一致，才能順利完成任務。

這個習俗啟發我們思考：愛情和婚姻的本質是什麼？我認為，愛情及其在婚姻中的展現，是對伴侶最親密的奉獻。它不僅表現在身體的吸引力上，還展現在心靈的契合以及共同撫育後代的願望中。

愛情和婚姻都是一種合作關係，不僅是為了兩個人的幸福，更是為了整個人類的福祉而存在的。這種觀點有助於我們更全面地理解愛情與婚姻的各個方面。

從生理角度來看，身體的吸引是人類最重要的本能之一，對人類的延續至關重要。正如我常說的，由於人類個體無法永久存在，繁衍後代成為了延續人類生命的唯一途徑。因此，身體的吸引力和繁衍的衝動對人類的生存發展起著不可或缺的作用。

然而，在現實生活中，愛情和婚姻往往伴隨著諸多困難和爭議。這些問題不僅困擾著已婚夫婦，也牽動著父母的心，甚至影響到整個社會。因此，要正確理解和解決這些問題，我們必須採取客觀公正的態度，拋開既有的成見，以開放的心態去探索這個永恆的話題。

愛情與婚姻：自由與責任的平衡藝術

在人生的旅途中，愛情和婚姻無疑是最引人入勝的主題之一。然而，我們不能將其視為一個孤立的問題來看待。事實上，這個問題的複雜性恰恰反映了人類生存的本質 —— 我們永遠都在尋求自由與束縛之間的平衡。

我們每個人都生活在一定的框架之中。這個框架源於我們所處的宇宙位置、自然環境、社會結構，以及人類兩性的生理特徵。在這些限制條件下，我們必須做出選擇，找到適合自己的生存之道。一個真正成熟的人，在面對愛情和婚姻問題時，不會只考慮自己的利益，而是會將他人和整個人類的福祉納入考量。

這種考量可能是下意識的。如果你問一個人他為什麼會這樣做，他可能無法清晰地表達。但是，在他的行為中，你會發現一種自然而然追求人類整體利益和進步的傾向。相比之下，那些只關心自身利益的人，在處理愛情和婚姻問題時，往往只會問「我能得到什麼」，而忽視了更宏大的人生意義。

值得注意的是，愛情並非僅僅是一種本能反應。雖然性慾是一種基本的驅動力，但愛情和婚姻遠不止於滿足這種慾望。事實上，人類的驅動力和本能已經經過長期的演化和文化薰陶，變得更加優雅和複雜。我們學會瞭如何控制自己的慾望，如何在社交中避免冒犯他人，如何將基本的生理需求昇華為文化習俗。

因此，當我們談論愛情和婚姻時，我們實際上是在討論人性的平衡藝術，如何在個人慾望和社會責任之間找到平衡，如何在追求自由的同時不忘記對他人和整個人類的責任。這是一個永恆的課題，也是人類文明進步的重要推動力。

愛情與婚姻的協奏曲：共同創造幸福的藝術

在探討愛情和婚姻這個永恆的話題時，我們必須跳脫個人視角，將目光投向更宏觀的人類整體利益。只有從這個角度出發，我們才能真正理解並解決這個複雜的問題。畢竟，人類作為一個由兩性組成的群體，在這顆藍色星球上共同生存，合作已然成為不可或缺的生存之道。

愛情與婚姻的核心在於兩個人的協同合作。這對許多人來說可能是一個全新的挑戰。我們的成長過程中，或許學會了獨立工作，或許懂得如何在群體中合作，但對於兩人密切合作的經驗卻相對匱乏。然而，如果雙方都對彼此懷有真摯的興趣，這個挑戰就會變得容易克服。事實上，成功的愛情和婚姻要求每一方對伴侶的關心都要超過對自己的關注。

這種相互關心的態度是實現真正平等的基石。當雙方都願意真誠奉獻時，就不會有誰感到被壓抑或低人一等。相反，他們會努力讓對方的生活更加舒適和富足，從而獲得安全感、價值感和被需要的感覺。這正是婚姻幸福的根本所在：感受到自己是無可替代的，被伴侶真心需要，並且確信自己是個稱職的伴侶和真誠的朋友。

在這個基礎上，我們可以看清許多關於婚姻的改革計劃中存在的失誤。真正的平等不是靠外部規則強加的，而是源於雙方發自內心的互相關懷。只有當夫妻雙方都能將對方的利益置於自身之上，才能實現真正的平等與和諧。

因此，愛情和婚姻的成功祕訣在於學會將注意力從自我轉向對方，培養對伴侶的深刻興趣和關懷。這不僅是個人幸福的關鍵，更是人類社會和諧發展的基礎。讓我們攜手共創這首愛情與婚姻的美妙協奏曲，譜寫出生命中最動人的樂章。

平等與理解：幸福婚姻的基石

在人生的旅途中，婚姻無疑是一個重要的里程碑。然而，要建立一段美滿的婚姻關係並非易事，它需要雙方共同努力，相互理解和尊重。在我們的社會中，長期以來存在著一種錯誤觀念，認為男性應該是家庭的領導者，而女性則應該順從。這種不平等的觀念導致了許多不幸福的婚姻。

事實上，一段成功的婚姻建立在平等的基礎之上。當雙方都能夠平等地表達自己的想法、需求和願望時，他們才能夠真正地理解彼此，並找到解決問題的方法。這種平等不僅展現在日常生活中，還涉及到重大決策，如是否生育子女、如何教育孩子等。

然而，我們的社會文化並沒有為年輕人提供足夠的婚前準備。我們的教育體系過分強調個人成功，忽視了合作和奉獻的重要性。這導致許多人在進入婚姻時，不知道如何與伴侶建立親密關係，不懂得如何關心對方的需求和願望。

事實上，婚姻準備是一個漫長的過程，它從童年時期就開始了。一個孩子的行為舉止、態度和思想，都在為他未來的成人生活做準備。特別是在五六歲時，孩子對愛情的基本態度就已經形成。

因此，我們需要重新審視我們的教育方式，強調合作、同理心和溝通技巧的重要性。我們應該教導年輕人如何建立平等的關係，如何尊重他人的想法和感受，以及如何在不同意見中找到共識。只有這樣，我們才能為未來的幸福婚姻奠定堅實的基礎。

童年愛情觀：
滋養未來幸福的種子

兒童的情感世界常常被成人忽視或誤解，但實際上，他們對愛情和婚姻的早期認知對未來的人生發展至關重要。我們不應將孩子對異性的興趣簡單地視為幼稚或不當，而應該認識到這是他們對社會生活的一種探索和準備。

在孩子的成長過程中，愛情和婚姻是他們所處環境中不可或缺的元素。這些概念自然而然地融入他們對未來的想像中。我們應該鼓勵孩子對這些問題形成自己的看法，而不是壓制或嘲笑他們的想法。當孩子表現出對異性的興趣時，我們應該將其視為一個重要的發展階段，而不是一個需要糾正的錯誤。

我們應該向孩子傳達一個積極的訊息：愛情是一項神聖而重要的事業，需要認真對待和充分準備。透過這種方式，我們可以在孩子心中種下一顆理想的種子，幫助他們在未來的人際交往中培養出良好的品格和忠誠奉獻的精神。

父母的婚姻狀況對孩子的影響不容忽視。即使父母的婚姻並不完美，但他們對一夫一妻制的支持仍然能給孩子樹立正面的榜樣。如果父母的婚姻和諧美滿，那麼孩子對未來的婚姻生活就會有更好的準備。這再次強調了家庭環境對孩子未來發展的重要性。

事實上，我們經常可以透過觀察一個人的家庭背景和他與家人的關係，來評估這個人是否適合婚姻生活。那些來自破碎家庭或不幸家庭的人，往往在未來的人際關係中面臨更多挑戰。這是因為他們可能缺乏良好的榜樣，難以學習到合作和互相體諒的精神。

因此，作為父母和教育者，我們有責任為孩子創造一個健康、和諧的家庭環境，幫助他們形成積極、正確的愛情觀和婚姻觀。這不僅關係到個人的幸福，更是培養社會和諧的基礎。讓我們重視兒童的情感教育，為他們的未來幸福播下希望的種子。

全面婚姻準備：從友誼到生活技能的培養

在探討婚姻準備時，我們不能僅僅關注表面的條件，更要深入理解一個人的內在世界。每個人對自身環境的解讀都是獨特的，這種解讀塑造了他們的思想和行為。即使出身於不幸福的家庭，一個人也可能因此更加渴望並努力創造美好的婚姻生活。因此，我們不應該簡單地用一個人的成長背景來判斷他未來的婚姻質量。

友誼在婚姻準備中扮演著至關重要的角色。透過與朋友的互動，我們學會了換位思考和真誠溝通，這些都是維繫良好婚姻關係的關鍵技能。缺乏友誼的孩子可能會變得自私自利，難以考慮他人感受。因此，幫助孩子建立友誼是為未來婚姻打下基礎的重要一步。

在孩子的遊戲和學習中，我們應該更多地強調合作而非競爭。鼓勵孩子們一起學習、玩耍，可以培養他們的團隊精神和互助意識。有趣的是，跳舞也是一種很好的社交訓練方式。雙人舞蹈要求兩個人協調配合，這恰恰是婚姻生活中必需的技能。

最後，我們不能忽視工作能力在婚姻準備中的重要性。良好的職業素養不僅能夠保障家庭的經濟基礎，還能培養責任感和時間管理能力，這些都是維持健康婚姻關係的重要因素。

整體而言，為婚姻做準備是一個全面的過程，涉及社交能力、情感智慧和實際生活技能的培養。透過重視這些方面的發展，我們能為未來的美滿婚姻奠定堅實的基礎。

培養社交能力：為婚姻生活奠定基礎

在人生的旅途中，婚姻無疑是一個重要的里程碑。然而，要建立一段美滿的婚姻關係，並非偶然，而是需要從小就開始培養各種能力。本章將探討如何透過日常生活中的各種活動，為未來的婚姻生活做好準備。

首先，我們必須認識到，一個人的成長環境雖然重要，但並不能完全決定他未來的婚姻狀況。關鍵在於個人如何理解和詮釋自己的經歷。即使在不理想的家庭環境中長大，一個人也可能因此更加珍惜美好的家庭生活，並努力為自己的婚姻做好準備。

友誼是培養社交能力的重要途徑。透過與朋友相處，我們學會了換位思考和為他人著想。這些能力對於未來的婚姻生活至關重要。相反，如果一個孩子長期處於孤立或過度保護的環境中，可能會導致他難以培養同理心，從而影響日後的人際關係。

除了友誼，合作性的遊戲和活動也能為孩子們的未來婚姻生活做好準備。例如，讓孩子們一起學習、玩耍，甚至是跳舞，都能幫助他們學會與他人協調合作。特別是跳舞，作為一種雙人活動，能夠培養孩子們的默契和協調能力。

最後，我們不能忽視工作對婚姻準備的重要性。良好的工作能力不僅能為未來的家庭提供經濟保障，還能培養責任感和時間管理能力，這些都是維持良好婚姻關係的重要因素。

總之，為婚姻生活做準備是一個漫長而複雜的過程。透過培養友誼、參與合作性活動、學習工作技能等方式，我們能夠逐步累積必要的社交能力和生活技能，為未來的婚姻生活奠定堅實的基礎。

性與愛的啟蒙：用信任與智慧塑造健康觀念

在教育孩子認識愛情與性的過程中，我們必須謹慎而富有智慧。過早或過度灌輸性知識可能會給孩子帶來不必要的困擾，甚至影響他們日後的情感生活。作為家長，我們的首要任務是建立與孩子之間的信任關係，並根據他們的年齡和理解能力，逐步引導他們認識這個複雜的主題。

我的經驗告訴我，那些在 4 到 6 歲就接觸到成人關係知識的孩子，往往在未來的感情生活中更容易受傷。這並非因為知識本身有害，而是因為他們還沒有足夠的心理準備來消化這些訊息。相反，如果我們能夠耐心等待，直到孩子達到一定的成熟度再介紹這些概念，他們會更容易理解和接受。

在回答孩子關於性和愛情的問題時，誠實是最重要的原則。我們不應該迴避他們的疑問，但也不必過分詳細。關鍵在於理解孩子問題背後的真正意圖，只回答他們真正想知道的，並確保我們的解釋在他們的理解範圍內。編造虛假的性知識只會對孩子造成長期的傷害。

我們應該鼓勵孩子獨立思考，自主探索他們感興趣的話題。如果我們與孩子建立了互信的關係，他們就不會因為這些問題而感到困擾。有些人擔心孩子會被同齡人的錯誤訊息誤導，但事實上，經過良好教育的孩子往往具有很強的判斷力。他們不會盲目相信他人，而是會在需要時向可信賴的成年人求證。

值得注意的是，孩子對愛情和吸引力的早期印象會深深影響他們未來的偏好。這包括他們與家人和周圍異性的互動，以及他們接觸到的藝術作品。這些早期經驗塑造了他們的審美觀念，進而影響他們日後的情感選擇。

因此，性教育不僅僅是傳授知識，更是一門藝術。它需要我們以開放、誠實而又謹慎的態度，幫助孩子建立健康的愛情觀，為他們未來的情感生活奠定良好的基礎。

愛情中的自我偏見：如何克服童年陰影，建立健康關係

我們對美的追求並非無意義，而是源於人類對健康和進步的本能渴望。我們的審美觀念深深植根於對人類利益和未來發展的考量。這種美感不僅驅動我們前進，也影響著我們對下一代的期望。

然而，童年經歷對我們的愛情觀和擇偶標準有著深遠的影響。在不健康的家庭關係中成長的孩子，往往會在成年後尋找與父母截然不同的伴侶類型。這種選擇可能源於對過去的反抗，但卻可能導致新的問題。

例如，一個被母親常年壓制的男孩可能會傾向於選擇看似溫順的女性作為伴侶。這種選擇雖然看似安全，但可能導致不平等的關係，難以維持長久的幸福。另一種極端是，他可能會選擇一個外表強勢的伴侶，試圖透過征服來證明自己的價值。這兩種情況都反映了童年創傷對成年關係的負面影響。

更嚴重的是，如果童年與父母的關係存在嚴重問題，可能會影響一個人對愛情和婚姻的整體態度，甚至導致對異性的排斥。這種影響程度不一，最極端的情況可能導致性取向的改變。

然而，婚姻關係中最大的障礙莫過於自私自利。如果一個人從小就習慣了只考慮自己的需求和慾望，他在成年後的關係中也很可能只顧及個人利益，不懂得如何照顧和豐富伴侶的生活。這種自我中心的態度無異於緣木求魚，雖不至於是道德上的過錯，但卻是維繫健康關係的致命傷。

要建立健康的愛情關係，我們需要意識到自己的偏見和局限，努力克服童年陰影的影響，學會關注和滿足伴侶的需求，而不僅僅是自己的慾望。只有這樣，我們才能真正實現愛情中的互利雙贏，創造持久而幸福的關係。

婚姻的本質：承諾與全心投入的生命契約

在這個快節奏的現代社會中，人們常常將婚姻視為一種可以隨時退出的契約。然而，真正的婚姻遠不止於此。它是一種終身的承諾，一場需要雙方全心投入的人生合作。

婚姻不僅僅是兩個人的結合，更是人類社會延續的基石。當我們決定步入婚姻的殿堂時，我們不僅在為自己的幸福負責，也在為人類的未來做出貢獻。這種責任感應該貫穿整個婚姻生活，從養育下一代到教育他們成為負責任的公民，每一步都至關重要。

然而，許多人在面對婚姻時心存疑慮，甚至試圖為自己留下退路。這種心態是危險的，因為它會阻礙我們全身心地投入婚姻。就像任何重要的人生事業一樣，婚姻需要我們堅定不移的決心和毫無保留的付出。我們不能將婚姻視為一種試驗，或者將其限定在某個時間範圍內。這樣做只會讓我們失去真正深入親密關係的機會。

當然，我們不能忽視現實生活中存在的種種困難。社會、經濟、文化等因素都可能對婚姻造成壓力和挑戰。但是，這並不意味著我們應該放棄追求美好的婚姻。相反，我們應該努力克服這些障礙，為建立健康、和諧的婚姻關係而奮鬥。

最後，讓我們記住，一段成功的婚姻建立在忠誠、坦誠、可靠和無私的基礎之上。這些品質不僅是婚姻的潤滑劑，更是維繫長久幸福的關鍵。只有當我們真正理解並實踐這些價值觀，我們才能在婚姻中找到真正的滿足和幸福。

婚姻：
愛情與責任的永恆合奏

在這個快節奏的世界裡，我們常常被誘惑去追求短暫的快樂和即時的滿足。然而，真正持久的幸福往往需要我們付出長期的努力和堅持。婚姻就是這樣一種需要我們全身心投入的人生大事。

婚姻不僅僅是兩個人的結合，更是一種終身的承諾和責任。它要求我們放下自私，學會為對方著想，共同面對生活的種種挑戰。正如我們之前所討論的，婚姻中不能存在猶豫和懷疑，因為這會動搖關係的根基。相反，我們需要堅定不移的決心，才能讓婚姻之船在人生的海洋中穩固航行。

這種決心不僅展現在對伴侶的忠誠上，還包括共同承擔養育下一代的重任。良好的婚姻關係為子女提供了最佳的成長環境，讓他們學會合作、責任和平等的價值觀。因此，每一對夫妻都應該牢記，他們不僅在塑造自己的生活，也在為人類的未來貢獻力量。

然而，我們必須認識到，婚姻並非童話故事中的「從此過上幸福快樂的生活」。它是一項需要持續投入的工作，有其特定的規則和原則。我們不能只選擇其中的樂趣而逃避責任，因為這違背了合作的本質。那些試圖為自己留後路的人，實際上是在阻礙真正親密關係的形成。

我們必須明白，真正的愛情是無法設定期限的。如果我們把婚姻視為一個可以隨時退出的試驗，那麼我們就永遠無法全身心地投入。這種態度不僅會傷害我們的伴侶，也會讓我們錯過愛情帶來的深刻體驗和個人成長。

儘管現實生活中存在諸多困難，但我們不應因此放棄追求美好的愛情和婚姻。相反，我們應該努力克服這些障礙，創造一個更有利於健康關係發展的社會環境。讓我們記住，真正甜蜜的伴侶關係建立在忠誠、坦誠、可靠和無私的基礎之上。只有當我們願意付出，才能收穫愛情的甜美果實。

婚姻的平衡藝術：自由與責任的和諧之道

在現代社會中，婚姻這個古老的制度似乎正面臨著前所未有的挑戰。許多人渴望在婚姻中保持個人自由，卻忽視了婚姻本質上是一種合作關係。這種矛盾心態往往導致婚姻關係的失敗，正如我們在前文中提到的那對夫妻一樣。

然而，我們不能簡單地將婚姻視為自由與束縛的二元對立。事實上，真正成功的婚姻是一種微妙的平衡藝術，是自由與責任之間的和諧舞蹈。在這種關係中，雙方都需要學會在保持個人獨立性的同時，也要尊重對方的需求和感受。

讓我們進一步思考這個問題。婚姻中的自由並非意味著可以為所欲為，而是在互相信任和尊重的基礎上，給予對方成長和發展的空間。這種自由是建立在責任之上的，是對彼此承諾的尊重，而不是對個人慾望的放縱。

另一方面，婚姻中的責任也不應該被視為沉重的枷鎖。相反，它是一種共同成長的機會，是兩個人攜手面對生活挑戰的承諾。當我們願意為對方付出，願意為了共同的未來而努力時，我們就會發現，責任並不是限制，而是讓愛情更加深厚的力量。

因此，成功的婚姻需要雙方不斷調整和磨合。我們要學會在個人需求和伴侶需求之間找到平衡，要理解婚姻是一個需要共同經營的專案。只有這樣，我們才能在婚姻中找到真正的自由和幸福。

被寵壞的孩子：婚姻中的隱形炸彈

在探討婚姻關係時，我們不得不提及一個常被忽視的重要因素：童年的教養方式。被寵壞的孩子在進入婚姻後，往往會帶來一系列意想不到的問題。這些問題不僅影響個人幸福，還可能導致整個家庭關係的崩潰。

首先，讓我們來看看被寵壞的孩子在婚姻中可能表現出的特徵。他們常常感到被忽視，因為他們習慣了成為關注的中心。這種心態導致他們難以適應婚姻生活中的相互妥協和照顧。更糟糕的是，有些人可能會變成婚姻中的「暴君」，讓伴侶感到受虐待和被束縛。

有趣的是，當兩個被寵壞的孩子結婚時，情況會變得更加複雜。雙方都渴望得到關注，但誰也無法滿足對方的需求。這種局面往往會導致一些不健康的行為，比如尋找婚外情或同時與多人發展感情關係。這些行為看似是為了獲得更多關注和自由，實則是逃避承擔真正的愛情責任。

另一個值得關注的問題是，一些人可能會沉迷於對完美愛情的幻想中。他們在腦海中描繪出一個理想化的愛情藍圖，卻忽視了現實中的機會。這種過於浪漫的想法實際上阻礙了他們找到真正的伴侶，因為沒有人能達到這種不切實際的標準。

此外，我們還需要注意性別角色認同的問題。由於社會文化中對男性地位的過分強調，一些人可能會對自己的性別角色產生懷疑和不安。這種不確定感會影響他們在婚姻中的表現和自信。

整體而言，被寵壞的孩子在婚姻中面臨著諸多挑戰。要解決這些問題，需要個人的自我認知和努力，也需要社會提供正確的引導和支持。只有這樣，我們才能建立更加健康、穩定的婚姻關係。

愛與婚姻：性別平等與合作精神的共鳴樂章

在我們的社會中，愛情與婚姻猶如一首複雜的交響曲，需要男女雙方共同演奏，才能奏出和諧動人的樂章。然而，許多人卻因為對自身性別角色的不滿，而無法全身心投入這場美妙的演出。這種不滿可能源於社會對性別角色的刻板印象，也可能來自個人成長經歷中的負面影響。

我們必須認識到，真正的男女平等不僅僅是口號，更應該是一種發自內心的感受和行為準則。只有當社會中的每個人都能真正接納並尊重彼此的性別角色，婚姻才能建立在堅實的基礎之上。為此，我們需要從小做起，透過教育來培養孩子們對性別平等的正確認知，讓他們明白未來的性別角色並非桎梏，而是可以自由發揮的舞臺。

在談及婚前性行為時，我們不能忽視其對個人心理和社會觀念的影響。雖然這是一個極具爭議的話題，但我認為，保持婚前貞潔對於建立親密而忠誠的愛情和婚姻關係是有利的。這不僅僅是出於道德考量，更是因為在我們的文化背景下，婚前性行為可能給女性帶來更大的精神壓力。

選擇伴侶時，勇氣和合作精神至關重要。如果一個人出於恐懼而非真心選擇伴侶，那麼這段關係注定難以長久。真正的愛情應該建立在互相理解、尊重和支持的基礎上，而不是企圖透過選擇一個「弱勢」伴侶來獲得優越感或控制權。

每個人在面對愛情時都有自己獨特的方式和態度，這往往反映了他們對生活的態度和對未來的期望。那些充滿信心、樂於合作的人，往往能夠在愛情中展現出積極向上的一面。相反，那些過分關注自我、缺乏安全感的人，可能會在感情中表現得畏縮不前，總是患得患失。

愛情的表達：從求愛到婚姻的複雜舞蹈

在人類社會中，愛情的表達猶如一場複雜的舞蹈，每個人都以自己獨特的步伐演繹著。求愛的過程，不論是謹慎還是熱情，都反映了個人的生活方式和價值觀。這種行為雖然不能完全預示婚姻的適合度，卻為我們提供了解對方性格的重要線索。

在我們的文化中，傳統上期望男性在感情中扮演主動角色。這種期待塑造了我們對男孩的教育方式，鼓勵他們培養主動、果斷的態度。然而，這種態度的真正形成，需要男性認識到自己是社會整體的一部分。相比之下，女性在求愛過程中往往表現得更加含蓄，她們的愛意多展現在外表、舉止和談吐上。這種差異導致了男女在接近異性時採取不同的策略：男性可能更直接，而女性則傾向於採取更微妙的方式。

婚姻中的性吸引力是維繫關係的重要因素，但它應該建立在對人類幸福的深刻理解之上。真正的吸引力不會輕易消失，如果出現了這種情況，往往意味著夫妻之間的興趣和平等感已經喪失。有些人可能會誤解，認為只是生理吸引力消失了，但實際上，這通常反映了更深層次的問題。

身體的反應往往比言語更誠實。如果婚姻中出現了性功能障礙，很可能是因為夫妻之間失去了真正的和諧，或者至少有一方不再願意麵對愛情和婚姻的挑戰。這種情況下，尋求解脫可能成為一種自然的反應。

整體而言，從求愛到婚姻，愛情的表達是一個不斷變化、需要雙方共同努力的過程。了解這一過程的複雜性，有助於我們建立更健康、更持久的關係。

愛情與婚姻：持續性衝動與養育責任的協調之道

人類的性衝動與其他動物相比有一個顯著的特點：它是持續不斷的。這種持續性不僅僅是生理現象，更是保證人類幸福和生存的重要途徑。透過這種持續的衝動，人類得以不斷繁衍，確保種族的延續和發展。

其他生物為了確保生存，往往採取不同的策略。例如，許多種類的雌性動物會產下大量的卵，儘管其中許多可能在孵化前就丟失或毀壞，但龐大的數量仍然保證了部分後代的存活。相比之下，人類確保生存的方式之一是透過生育和撫養後代。

在愛情和婚姻的問題中，我們發現那些真正關心他人幸福的人往往更願意承擔生育的責任。相反，那些對他人漠不關心或過於自我中心的人，可能會迴避生育的負擔。這反映了一個深刻的真理：一個只會索取而不願付出的人，通常難以體會養育孩子的樂趣。

因此，我們可以說，愛情和婚姻問題的完整解決方案必須包括生育和撫養後代的決定。婚姻作為我們所知的最佳撫養下一代的方式，應該將養育子女視為其重要組成部分。在現實社會中，一夫一妻制被認為是解決愛情和婚姻問題的最佳方式。這種制度需要雙方真誠的奉獻和對彼此的關注。

每個選擇進入這種親密、忠誠和相互關懷關係的人，都應該珍惜並維護這種關係的基礎，而不是尋找逃避的藉口。雖然我們不得不承認婚姻存在破裂的可能性，但如果我們將愛情和婚姻視為一項需要共同努力的社會工作，一個我們期待能夠解決的問題，並願意為之付出努力，那麼婚姻破裂的風險就會大大降低。

婚姻：
一段需要共同經營的旅程

婚姻不是童話故事的結局，而是一段需要共同努力、互相扶持的漫長旅程。許多人對婚姻抱有不切實際的期待，認為只要找到對的人，就能自然而然地獲得幸福。然而，現實往往與這種理想化的想像大相逕庭。

婚姻需要雙方共同付出時間和精力來維護。它不是一個靜止的狀態，而是一個動態的過程，需要不斷調整和適應。許多人忽視了這一點，把婚姻視為一勞永逸的解決方案，認為只要結婚就能解決所有問題。這種觀點在我們的文化中根深蒂固，從小說到電影，都在強化這種錯誤的認知。

事實上，婚姻只是兩個人共同生活的開始。它帶來了全新的挑戰和機遇，需要夫妻雙方共同面對。這包括處理日常生活中的瑣事，協調彼此的生活習慣，以及共同承擔社會責任。婚姻不僅是個人生活的轉捩點，也是為社會貢獻的新起點。

值得注意的是，單純的愛情並不能解決婚姻中的所有問題。健康的婚姻關係需要建立在共同的興趣、合作精神和對生活的積極態度之上。夫妻雙方需要在工作、興趣和生活各個方面找到平衡點，共同成長。

每個人對婚姻的態度都與其整體生活方式密切相關。有些人會尋求逃避，特別是那些從小被過度寵愛的人。這種逃避心態可能源於他們對生活責任的恐懼，或是對自我成長的抗拒。這不僅影響他們的婚姻生活，也可能對整個社會造成負面影響。

因此，我們需要重新審視對婚姻的看法，認識到它是一個需要持續投入和努力的過程。只有當雙方都願意全心投入，共同面對挑戰，婚姻才能真正成為一段美好的旅程。

超越自我：責任與成長中的婚姻真諦

在生活中，我們常常會遇到一些人，他們總是執著於滿足自己的慾望，彷彿這就是人生的全部意義。他們會問：「我能得到所有想要的東西嗎？」如果答案是否定的，他們就會陷入深深的絕望之中。這種態度源於他們的成長環境，可能在童年時期曾經享受過隨心所欲的生活。

然而，這種思維方式往往會導致一系列問題。他們可能會變得悲觀、自私，甚至產生厭世的念頭。更糟糕的是，他們會將這種錯誤的生活態度視為一種獨特的哲學，認為社會要求他們壓抑自己的衝動和情緒是一種惡意。

這種自我中心的態度無法避免的影響到他們的婚姻觀。他們可能會將婚姻視為一種可以隨時退換的商品，追求不負責任的短期關係或試婚。他們要求在婚姻中保持絕對的自由，甚至認為有權利在情不自禁時對伴侶不忠。

但是，真正的關心和愛情應該表現為可靠、忠誠和負責任。如果一個人的婚姻生活缺乏這些特質，那麼他在處理生活的重要問題上就已經失敗了。

更重要的是，這種態度會對下一代產生深遠的影響。如果父母總是爭吵不斷，輕視婚姻的價值，不願意將婚姻視為一個需要不斷努力和成長的過程，那麼孩子很可能會在社交能力的發展上遇到困難。

因此，我們需要重新審視自己對婚姻的態度。成熟的婚姻應該建立在互相關心、共同成長的基礎之上。它不是一種自私的追求，而是一個超越自我、共同面對人生挑戰的過程。只有這樣，我們才能真正實現個人的幸福，同時為下一代創造一個健康、和諧的成長環境。

生命的意義不在於擁有，而在於成長

人生旅途中，我們常常會遇到這樣一類人：他們總是執著於自己的慾望，認為得不到想要的東西就等同於生活失去了意義。這種思維方式不僅危險，更是對生命本質的一種誤解。

讓我們深入探討一下這種心態的根源。這些人往往從小就被灌輸了一種錯誤的觀念：只要足夠強烈地表達自己的願望，就一定能得到滿足。這種教育方式導致他們長大後難以適應現實生活中的挫折和失望。他們將自己的情緒和衝動視為至高無上的存在，認為壓抑這些就是對自己的不公。

然而，這種想法忽視了一個重要的事實：我們生活在一個相互依存的社會中，個人利益與集體利益是密不可分的。過分強調個人慾望的滿足，不僅會導致人際關係的破裂，還會阻礙個人的成長和發展。

在婚姻生活中，這種心態尤其具有破壞性。將婚姻視為一種可以隨時「退貨」的商品，不願意承擔責任和義務，這種態度注定會導致關係的失敗。真正的愛情和婚姻應該建立在相互關心、忠誠和責任感的基礎上。

對於下一代的影響更是不容忽視。如果父母不能為孩子樹立積極的婚姻觀，不能以身作則展示如何透過溝通和努力解決問題，那麼孩子很可能也會在未來的人際交往中遇到困難。

因此，我們需要重新審視自己的價值觀。生命的意義不在於得到所有想要的東西，而在於透過克服困難、承擔責任來實現個人成長。只有這樣，我們才能在人生的旅途中找到真正的滿足和幸福。

婚姻與離婚：超越個人幸福的責任與抉擇

在探討婚姻與離婚這個複雜的議題時，我們不能僅僅將其視為個人幸福的問題。婚姻是一項需要雙方共同努力的工作，而不是一個能夠輕易放棄的選擇。當我們思考誰應該有權決定一段婚姻的終結時，我們必須謹慎考慮。

讓那些只關心自身利益的人來做這個決定顯然是不合適的。他們可能會用「我能從中得到什麼？」的思維來看待婚姻和離婚，這種態度往往導致他們重複犯同樣的錯誤，陷入離婚和再婚的惡性循環中。

有人可能會認為，精神病學家是做出這種決定的合適人選。然而，我們必須警惕那些僅僅關注個人幸福的精神病學家。在歐洲，一些精神病學家可能會建議尋求婚外情或性關係來解決婚姻問題，這種做法實際上是將愛情和婚姻簡化為一種治療手段。這種觀點忽視了婚姻與我們生活中其他方面的密切聯繫，無法全面理解愛情和婚姻的複雜性。

我們需要採取一種整體的觀點來看待婚姻問題。婚姻不僅僅是兩個人之間的事，它還涉及家庭、社會和文化等多個層面。當我們考慮是否結束一段婚姻時，我們不僅要考慮個人的幸福，還要考慮這個決定對整個家庭和社會的影響。

同樣，將愛情和婚姻視為治療精神問題的藥物也是一種危險的簡化。這種做法可能會給當事人帶來更多的困惑和不確定性，而不是真正解決問題。我們需要認識到，健康的婚姻關係建立在相互理解、尊重和共同成長的基礎上，而不是將其作為解決個人問題的工具。

總之，我們必須跳出個人幸福的局限，用更加全面和負責任的態度來看待婚姻和離婚問題。只有這樣，我們才能真正理解和珍惜婚姻的價值，為建立健康、持久的關係做出明智的決定。

婚姻的真諦：超越性別的平等與責任

愛情與婚姻，這兩個看似平凡卻又深奧的課題，始終是人類生活中不可或缺的重要組成部分。它們不僅僅是個人幸福的泉源，更是一個人格完善的重要展現。然而，我們不能將婚姻視為解決個人問題的萬能良藥，更不能將其當作逃避現實的藉口。

婚姻是一項需要雙方共同努力、用心經營的偉大事業。它要求參與者具備健康的身心狀態和成熟的人格。因此，那些尚未從精神疾病中完全康復的人，或者懷著不純粹動機步入婚姻的人，往往難以承擔起婚姻所帶來的責任與挑戰。

在我們的社會中，婚姻問題往往與性別不平等密切相關。令人遺憾的是，女性常常成為婚姻破裂的最大受害者。這種現象反映了我們文化中根深蒂固的性別歧視，以及社會對男女兩性不同的期望與約束。

更令人擔憂的是，許多女性對自己的性別身分感到不滿和失望。這種普遍存在的性別認同危機，不僅影響了個人的幸福感，也為建立健康、平等的婚姻關係設定了障礙。如果我們不能正視並解決這個問題，那麼實現真正的婚姻幸福將變得極其困難。

因此，我們必須重新審視我們的婚姻觀念。一夫一妻制並非天生注定，而是人類社會發展的結果。它為個人在愛情和婚姻中獲得最充分、最完美的發展提供了最佳保障。然而，要真正實現這一目標，我們還需要努力消除性別歧視，建立平等、互相尊重的伴侶關係。

只有當我們摒棄對女性的輕視與偏見，真正實現男女平等，我們才能夠建立起健康、幸福的婚姻關係。這不僅需要個人的努力，更需要整個社會觀念的轉變。讓我們共同努力，為創造一個更加平等、更加幸福的婚姻文化而奮鬥。

電子書購買　爽讀 APP

國家圖書館出版品預行編目資料

阿德勒的超越自卑（筆記版）：夢境解讀 × 犯罪心理 × 自卑情結 × 性別認同 × 婚姻關係……阿德勒心理學與人類潛能的開發 / [奧] 阿爾弗雷德・阿德勒（Alfred Adler） 著，伊莉莎 編譯 . -- 第一版 . -- 臺北市 : 複刻文化事業有限公司 , 2024.12

面；　公分

POD 版

譯自 : What life should mean to you.

ISBN 978-626-7620-29-8(平裝)

1.CST: 阿 德 勒 (Adler, Alfred, 1870-1937) 2.CST: 學術思想 3.CST: 精神分析學

175.7　　113019278

阿德勒的超越自卑（筆記版）：夢境解讀 × 犯罪心理 × 自卑情結 × 性別認同 × 婚姻關係……阿德勒心理學與人類潛能的開發

臉書

作　　者：[奧] 阿爾弗雷德・阿德勒（Alfred Adler）
編　　譯：伊莉莎
發 行 人：黃振庭
出 版 者：複刻文化事業有限公司
發 行 者：崧燁文化事業有限公司
E-mail：sonbookservice@gmail.com
粉 絲 頁：https://www.facebook.com/sonbookss/
網　　址：https://sonbook.net/
地　　址：台北市中正區重慶南路一段 61 號 8 樓
8F., No.61, Sec. 1, Chongqing S. Rd., Zhongzheng Dist., Taipei City 100, Taiwan
電　　話：(02) 2370-3310　　傳　　真：(02) 2388-1990
印　　刷：京峯數位服務有限公司
律師顧問：廣華律師事務所 張珮琦律師
定　　價：350 元
發行日期：2024 年 12 月第一版
◎本書以 POD 印製